自分に奇跡を起こす
江原啓之
100の言葉

Ehara Hiroyuki
江原啓之
著

三笠書房

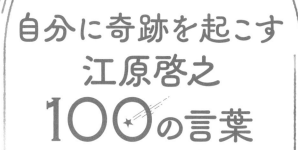

幸せな新しい時代に向けて――。
今のあなたに必要な
「スピリチュアルな叡智《メッセージ》」をおくります。

世の中は不公平ですか?

この世に幸福だけの人も
不幸だけの人も存在しません。
どんな幸せな人にも人知れない辛苦《しんく》があり、
どんな不幸な人にも豊かな恵みがあります。
目に見えないものを見る目をもてば、
人は平等であることがわかります。

困難が来たとき、
「人のせい」にしていませんか？

あなたの人生の主人公は、あなたです。
あなたを幸せにするのも、あなたです。
何があっても「人のせい」にせず、
自分で考え、自分で決める。
それが、どんな困難も乗り越えていく
力となります。

あなたをいつもサポートしている
ガーディアン・スピリットの
「存在」に気づいていますか？

目には見えませんが、私たち一人ひとりには、
あなたを愛し、あたたかく見守ってくれる
「大きな存在」があります。
いつもあなたに必要な学びを与えたり、
助けてくれているのです。
応援されているということを意識してください。
エネルギーが生まれてきます。

おだやかな気持ちで
過ごしていますか？

恐れ、怒り、悲しみなどの感情に翻弄《ほんろう》されると、
理性がかき消えてしまいます。
ものごとを客観的に見つめて、原因を分析し、
冷静に対処方法を考える。
理性こそが、人生の「道しるべ」です。

ひとりぼっちは不安ですか?

この世にひとりぼっちの人はいません。
あなたを守り、導き、愛してくれる存在を
信じてください。
太陽の存在を疑う人はいないでしょう。
それと同じです。
どんなに厚い雲がかかっていても、その上には
必ず太陽があります。
なければこの世に命はないのです。

今、幸せを感じていますか？

苦労や困難のない人生はありません。
涙や挫折を経験しない人などいないのです。
だからこそ、それを乗り越えたときの
喜びがあります。
傷ついたとしても、たましいは磨かれ、
成熟へ向かいます。
それこそが生きる意味です。
生きる喜びです。

Prologue

今、社会は大きく変わろうとしています。

まるでパンドラの箱が開き、苦しみと絶望が地球に拡散していくかのようです。

気候の変動にともなって自然災害が激甚化《げきじんか》し、日本各地でいたましい被害が出ています。国際情勢は不安定で、紛争が多発しています。何より世界中を襲ったコロナ禍は、大きな不安と恐怖を引き起こしました。

読者のみなさんの中にも、不安やストレスに苦しむ日々を過ごしている方が多いのではないでしょうか。

こんなときだからこそ、届けたい言葉があります。

思い出してほしい真実があります。


この世の苦しみや悲しみはなぜ生じるのか。苦しく悲しいだけなら生きる意味なんてどこにあるのか。そんな思いはよくわかります。

だからこそ今、スピリチュアルな人生の基本を思い出してほしいのです。

人は肉体だけの存在ではありません。たましいの存在です。

今までの私の著書で繰り返し述べてきたことですが、私たちは、さまざまな体験を積み、たましいの経験値をあげるため、たましいを輝かせるために、この現世に生を受けたのです。

たとえば、人を愛して喜びを知り、傷ついて苦しみを知る。病を得て悩み、人との諍《いさか》いに疲れ果てる。仕事の成功を喜び、挫折に涙する。私たちが経験するそのすべてが、たましいを磨くための経験です。

その視点があるとないとでは、人生がまるで変わってきます。

あなたの周りにある不安や苦しみ、悲しみを「忌《い》むべきもの」という視点だけで捉《とら》えないでください。表面的な事象に振り回されないでください。

すべてのことには、学びがあります。

変動する世の中から、ストレスフルな毎日から、私たちは何を学べばいいのか。どうすればこの経験を糧《かて》に、たましいをより輝かせることができるのか。それに気づくことが何より大切です。

外の世界から一歩離れて、あなたの心の中を静かに眺めてみてください。生まれてきた意味を思い出し、人生の基本に立ち戻りましょう。

そこにこそ、失われた平穏と幸せを取り戻す道があると私は考えています。

この本はそのために書きました。今こそ必要と思われる人生の基本を、スピリチュアルな視点から解説しています。

どうか静かな心で読んでみてください。きっとあなたの日常が変わります。自分を見つめるまなざし、世界を見つめるまなざしが変わってきます。

少しずつ少しずつ、霧が晴れるかのように、今起きていることの真の姿が見えてくるでしょう。

苦しみや不安、悲しみ、混乱など、ネガティブな事象はなぜ起こるのか、どうすれば解決できるのか、その道が見えるようになるはずです。

そうすれば、あなたは今いる世界とはまったく違う世界に立つことができるのです。

それは小さな、けれど確かな「奇跡」です。


パンドラの箱から絶望や苦しみが世界中に飛び出してしまったあと、最後に箱の底に残っていたものは何でしょうか。

「希望」です。


大丈夫。あなたは守られている存在です。

どうかあなたの心の底に眠っている希望の姿が見えますように。

明日を照らす明るい光が見えますように。

この本がその一助となれば幸いです。

Contents

第1章

人との出会いこそが
あなたを輝かせます

出会いに偶然はありません
あなたに「必要な人」と出会うのです

たましいのつながり

この世に「偶然に出会う」人は誰ひとりとしていません。必ず、何かの縁があるから出会うのです。電車の中であなたの足を踏んだ人さえ、あなたと縁があります。どんな人でもあなたに何かを教えるために、出会わせてもらった人なのです。

あなたが出会うすべての人は、あなたに必要な人。その事実を知ると、どんな関係も前向きに考えることができるようになるでしょう。

ご縁の中でもっとも強いのは、「たましいの絆《きずな》」があるものです。前世での結びつきがあると考えられるもので、初対面のときになぜか懐かしさを感じることがあります。現世においては、何らかの共同作業のために結びつくことが多く、恋愛関係になることはあまりありません。

新しく人と出会うときは、あなたとその人にどんなたましいのつながりがあって、現世ではどんな学びがあるのだろうか、と考えてみてください。さまざまな出会いの意味がわかるようになれば、人生はますます意義あるものになっていきます。

人との出会い、その意味を深く見つめて、楽しみましょう。

人は人がいないと学べません
人がいてこそ、自分が磨かれます

周りにいい人ばかりが集まる人

家族や上司、同僚、友人などとの関係に悩んだときは、「人があってこそ、自分が磨かれる」ということを思い出してください。その相手と出会ったことで、あなたの中でどんな変化が起こるのか、どんなふうに成長できるのか。その視点をもっているかいないかで、人生が大きく変わります。嫌うだけでは何も学べません。

出会いはすべて、自分の課題として与えられたものです。

人は自分と同じ波長の人と出会います。たとえば弱い心をもっていると、同じように弱い人と出会います。同時に、弱い心につけこもうとする人と出会います。出会う人を観察すると、あなた自身が鏡のように映し出されるのです。

「私の周りにはイヤな人ばっかり」というのは、あなた自身が同じような人間になっているか、そういう人を引き寄せる波長を出しているのです。それに気づけば、自分に何が足りないのかが見えてきます。それが学びです。すると、あなた自身が変われます。変わる努力ができるのです。おのずと出会いも変わってきます。「私の周りには、いい人ばかりが集まるのよね」と言える人生になっていくのです。

幸せになるのは
難しいことではありません
言霊《ことたま》の力を借りればいいのです

口福《こうふく》はめぐる

言葉には、たましいが宿ります。エネルギーがあります。人との関係を良くしたいなら、その力＝言霊《ことたま》を借りることです。

まず「あいさつ」を大切にしてください。「おはよう」「こんにちは」「さようなら」という日々のあいさつを笑顔とともに投げかけてくれる人を嫌いになれる人はそうはいません。たとえ相手との間に何があっても、あいさつだけは気持ち良くする。その習慣が、あなた自身と、あなたの周りの雰囲気を変えていきます。

次に大切なのは、「ありがとう」という感謝の言葉。「うれしい」という喜びの言葉。「大好き」という愛の言葉。「素敵ね」というほめ言葉です。そういうポジティブな言葉のもつエネルギーを信じてください。

とりわけ「ほめる」ためには、相手をよく観察していないとできません。相手にほめるべき点が何かないか、よく探して、必ずそれを口にする。そういう習慣は、周りに福をもたらします。口福《こうふく》です。

その福はめぐり巡って、やがてあなたのもとへと還《かえ》ってくるのです。

言葉は人を幸せにもするし、
傷つけもします

言葉という刃《やいば》

人に誤解されて悲しい気持ちになったときは、自分の言葉の使い方を振り返ってみてください。悪意はなくても、人を傷つけるようなことを軽く言っていないかどうか、乱暴な口のきき方をしていないかどうか。

誤解されやすい人は、言葉を大切にしていない場合が多いものです。サッパリした性格の人ほど、周りの人もみんな同じだろうと思い込み、「これぐらい大丈夫」と考えてズバッとものを言う傾向がありますが、世の中には細かいことを気にし続ける人も多いことを忘れてはいけません。自分の言葉で傷つく人がいるかもしれない。このことはいつも意識しておきましょう。

言葉は刃《やいば》にもなるのです。何かの失敗をした人に対して「あなた、愚かだよ」とズバリ言う人と、「大変だったね。でも人間なら愚かなことをしてしまうこともあるよ」と言う人とでは、たとえ同じように相手に同情していたとしても、相手が受ける印象は大きく違います。

言葉は、ていねいに扱いましょう。

気をつかうのではなく、
気をきかせる

人との関係はかんたんに変わる

「気をつかう」とは無駄にエネルギーをばらまくこと。「気をきかせる」とは相手が何を望んでいるかを察して、そのツボを的確に押してあげることです。

「気をつかう人」は、じつは自分がどう思われるかを気にして、ビクビクしているだけのことが多いものです。それでは相手は負担に思うでしょう。一方、「気がきく人」は、相手や状況をよく観察し、困っていること、望んでいることを敏感にキャッチして、それに応える努力ができる人です。

これは、自分を中心に考えているか、相手を中心に考えているかの違いです。

気をきかせることができる人は、自分のためではなく相手のために心を配ります。「私はあなたのことをちゃんと見ていますよ」と、相手にわかるように行動で知らせる。相手が何か困っていれば、「私にできることはありませんか」と声をかける。自分にわかることならすぐに教えてあげる。すると今度あなたが困ったときには必ず誰かが手助けしてくれます。人との関係は変わらないと決めつけず、「気をきかせる」「心を配る」練習をしてみてください。

人には肉体の年齢と、
たましいの年齢があります

たましいの視点で相手を見る

人には肉体の年齢とたましいの年齢、両方あります。たましいが何度も再生をしてたくさん訓練を積んでいる人と、そうではない未熟なたましいがいます。人間的に下品で下劣な場合、たましい自体がまだ若いのです。子どもと同じですからひどいイタズラをしたり残酷なことを言ったりもします。

子どもを相手に本気で腹を立てても仕方がありません。相手の肉体はあなたより年をとっているかもしれませんが、肉体は物質。物質だけを見てはいけません。たましいの視点で相手を見てください。すると、すべてを乗り越えることができます。「嫌われることしかできない気の毒な人」という慈愛の目で見てあげることもできるでしょう。

同時に、なぜ今、自分が「たましいの年齢が低い人」と出会ったのか、その人から何を学べるか、ということも深く考えてください。不思議なことに相手から学ぶべきことがわかったとき、自然に相手との距離ができていきます。その人から「卒業」できるのです。反対に何も学べないうちは、いつまでも一緒にいることになるのです。

嫉妬心は、向上心にシフトできます

「マネる」ことは「マナぶ」こと

他人と自分を比べたときに生まれる嫉妬心は、誰の心にも起こりやすいものです。けれど、自分が他の誰かよりも劣っているか、優れているかなどということは、大きな宇宙から見れば五十歩百歩。些末《さまつ》なことです。そんなことにとらわれるのは時間の無駄です。

嫉妬心の上手な使い方とは、それは向上心へとシフトさせることです。

誰かを羨《うらや》ましい、妬《ねた》ましいと思うなら、それは「自分もそうなりたい」ということのあらわれです。「その人」は〝こうありたい〟という自分を映し出してくれるメッセンジャー。そのメッセージに耳を傾けましょう。まずはマネをすることから始めてください。「マネる」ことは「マナぶ」ことです。

そういう努力を続けることによって、心の垢《あか》がデトックスされます。みじめさや、ラクをしたいという気持ちが薄れて、前を向く勇気を取り戻せます。

嫉妬するその気持ちを乗り越えて、より良い生き方を選ぶ。あなたはそのために、この世に生まれてきたのです。

自分なりの「哲学」を見つけましょう

誰の中にもある傲慢《ごうまん》さ

高すぎるプライドや傲慢《ごうまん》さをなくすことは、誰にとっても難しいことです。影のない人がいないように、まったく傲慢でない人はこの世にいません。

影のように張りつく傲慢さをなくすためには、自らが光の中に入っていくこと。言いかえれば、この世の真理に気づくことです。

自分は何のために生まれてきたのか。人は死んでどこへ行くのか。愛とは何か。すべてにおいて、自分なりの「哲学」を見つけてください。

もちろん、すぐに見つかるものではありません。頭では理解できても、心の奥底、たましいで実感できるようになるには、時間がかかるのです。それまでに何度も手痛い失敗を繰り返すでしょう。

けれど、自分なりに真理を追究していく過程で、少しずつ、傲慢さや高すぎるプライド、恥の意識など、自分を苦しめるものから抜け出せるようになっていきます。

人の人生の過程とは、暗闇の中で苦しみながら光を目指して歩いていく、その一歩一歩の積み重ねです。

人間関係が豊かになる「孤高の生き方」のススメ

最初がゼロだと、あとはプラスしかない

孤独になることを恐れるあまり、無理をして人とつきあっていませんか。「この人が私の孤独を癒《いや》してくれる」と思って、すがるようにつきあうのは、相手への依存です。過度な期待をすることにもなり、当然、つきあいは長続きしません。「孤独な生き方」になるのが怖いなら、「孤高の生き方」を目指しましょう。「孤独」とは、人に裏切られることを恐れて、人とつきあわず、ひとり寂しく生きること。それでは何の感動も経験も得られません。生まれてきた意味が半減します。「孤高」とは、人とは積極的にかかわるけれど、依存はせず、期待もしない生き方です。人間関係でたとえ傷ついたとしても、たましいが磨かれただけ。傷ついた経験から学べばいいだけのこと。そう割り切って楽しむ生き方です。

「孤高の生き方」ができると、人間関係は本当にラクに、豊かになります。

コツは、最初の期待値をゼロに設定しておくこと。そうすれば、何かいいこと、うれしいことをしてもらえたときに、心から感謝ができます。最初がゼロだと、あとはプラスしかないのです。

広い心で人と接するとき
あなた自身がそのやさしさに癒されます

自分の中の〝神〟に癒される

自分が克服できない欠点を相手ももっているとき、私たちはそれをどうしても許せないと感じてしまいます。つまり、嫌いなのは相手ではなく、自分なのです。

もし自分がその欠点を克服していたら、相手に対して寛大になれるはずです。「私も昔はそうだった。この人は今から克服するんだな」と思えるのです。

どうしても相手を許すことができないときは、高層ビルにのぼってみてください。神様になったつもりで眼下に広がる街を見下ろしてみましょう。そこには多くの人が暮らしています。それぞれ短所と長所をもち、泣いたり笑ったりして生きています。

神様は「こいつは気が短いから嫌い」「あいつはずるいからイヤだ」などと考えるでしょうか。いいえ、どんな人にもやさしいまなざしを注ぎ、欠点を許し、より良い人間になれるよう見守ってくれる。それが神です。

そして、あなたもまた神に許され、愛されている存在です。同時に、あなた自身の中にも神はいるのです。広い心で人と接するとき、あなたの心の奥にいる神が目を覚まします。その神のやさしさに、あなた自身が癒されるのです。

自分の波長に応じた人と
私たちはつきあうようになっています

運命の転換期

人と疎遠になることは、悲しいことではありません。変化は必要なことなのです。大切なのは、その変化がどんなメッセージを伝えているのかを読みとることです。

私たちは自分の波長に応じて人と出会うようになっています。周囲に集まってくる人はすべて同じ波長が呼び寄せる人。つきあう人が変わったということは、自分の波長が変わったということです。成長するためにもう一段、高い波長の人と出会えたのか、逆に自分の波長が低くなったために、違うタイプの人とのつきあいができたのか。どちらなのかを冷静に判断してください。

自分の波長が低くなったと思える場合は、意識してポジティブでいることです。笑う門《かど》には福来《きた》る。笑ってテンションを高めることで波長が変わり、新しい環境を呼び寄せることができるでしょう。

今までの人間関係が変わるとき、それは運命の転換期です。自分が試されるときでもあります。「さあ、今まで学んだことを新しい環境の中で試してごらん」と言われているのです。

家族から「卒業」する日は必ず来ます

家族は仲間であって他人

家族はそれぞれ、違う課題をもって生まれてきた他人です。この世で「何を学ぶのか」という課題が違うのです。

ただし、同じ家族を選んで生まれてきたという意味では、仲間です。たとえて言えば、同じ学校に入学した先輩後輩のようなもの。家族とは、お互いのたましいが学びあう学校なのです。両親は先輩です。先輩だと思えば、今まで「うるさいな」としか思えなかった言葉でも、違う響きで心にきこえてくるでしょう。

けれど両親は先輩以上の存在ではありません。子どもの人生に決定権をもつ人ではないのです。自分の人生を決めるのは、自分です。先輩の意見は、真剣に耳を傾けて、参考にするべきもの。その先は、自分で歩いていかなければいけません。

学校にはいつまでもいられません。卒業する日は必ず来るのです。

家族という学校から、何を学んで卒業するのか。愛を学ぶ人。許しを学ぶ人。家族に傷つき、傷つけながら、それでも家族の意味を深く考えた人。そんな人が最高の学びをして、最高に輝きながら、卒業式を迎えることができるのです。

山をのぼる道がひとつではないように
愛を学ぶにもいろいろな道があります

苦しむ自分を味わう

人のたましいは、愛することが基本的に苦手です。だから、家族という形をつくることで、その中で愛を学びあえるようにできているのです。

家族であれば、損得勘定抜きに純粋に愛せます。愛する努力もできるでしょう。まず血縁の中で愛を学べたら、しだいにその枠を離れて他人を愛せるようになっていきます。これが、人が愛を学ぶ正規ルートです。

けれど家族を愛するということですら、かんたんではありません。どの家族にも問題があるからです。あまりにも家族を愛することが難しい場合、順番を変えて他人から先に愛してみましょう。家族以外の人間関係で愛の電池を充電できたら、再び家族に戻って親や兄弟を愛することができるようにもなります。山道でものぼる道がひとつではないように、愛を学ぶにもいろいろな道があるのです。

家族がいない。いても愛せない。愛されない。それは、とても苦しいことです。でも、その苦しみの中に学びがあります。苦しむ自分を味わう。そして愛について考える。愛せる人になっていく。そうした課題を、私たち全員がもっているのです。

子どもは親を選んで
生まれてきます

あなたの中に内在する大きな力

子どもを愛せない、平気で傷つける、厳しく支配する。そういう親は確かにいます。その子どもとして育つ困難は大きいでしょう。けれど、人はみな自分の親を選んで生まれてきます。自分に必要な課題を与えてくれる家族を選ぶのです。

「毒親」といわれる親を選んで生まれてきたということは、そこで受けた傷を乗り越えることが人生の課題だということ。「家族からの自立、自律」がテーマなのです。

どうしても親から受けた傷が忘れられないという場合、その気持ちの根底には、厳しいようですが、家族への甘えがあります。「親なら子どもを愛して当然」という考え方があるから、傷が癒えないのです。

「親に愛されなかった、かわいそうな私」のままでいてはいけません。

自分のたましいの課題を、真剣に見つめ直してみてください。そして、あなたの周りに必ずある小さな愛に気づくこと。それを受けとり貯めること。周りに愛を与えていくこと。その積み重ねがすべてです。あなたは無力な存在ではありません。使命を果たすための大きな力を内在させて、この世に生まれてきたのです。

結婚してできた新しい家族は
自分で選んで入学した学校です

あなたのたましいの学びに必要な人たち

結婚して、別の家族の一員になるということは、今までの学校を卒業して、留学するのと同じです。前の学校が忘れられずに同じ感覚でいると、うまくいきません。

お姑さんは「娘になったくせに、私の言うことをきかない」と思うし、お嫁さんは「実家の母は、私をもっと大切にしてくれた」と思う。それではうまくいきません。

嫁姑問題が絶えないのは、自分が生まれた「家族」と同じ感覚でお互いに相手を見てしまうから。そして相手に「何かしてもらう」ことばかりを考えているからです。そこには、相手に対する過度な期待と依存心があります。

嫁姑問題も他の人間関係と同じ。期待と依存が大きな障害になります。

結婚によって、新しくできた家族、そのメンバーを選んだのも、あなた自身です。自分で選んで入学した学校なのです。不満だけを言いつのっていては、どんな学校でも楽しくなくなるでしょう。

あなたの周囲に集まるのは、あなたのたましいの学びに必要な人たちです。そのことを忘れずに、新しい学校で、新たな課題を見つけてください。

誰かとつながる前に、
「ほんとうの自分」とつながっていますか

自分に「いいね」を出す

他人からのほめ言葉は麻薬のようなものです。SNSで「いいね」がもらえると際限なくほしくなり、もらえないと気分が落ち込む。そういう点が麻薬的なのです。ほめ言葉を求めてアップしたコメントなのに、反対にバッシングされたりしたら、ショックも大きくなるでしょう。アップダウンの激しいジェットコースターのようなもので、乗り続けていると疲れるのは当然です。

他人からの「いいね」を過剰に求めるぐらいなら、自分で自分に「いいね」を出せるよう努力しましょう。自分が心をこめて成し遂げた何かがあるのなら、その努力は自分が知っています。自分で自分をほめて、充足感を得ることはできるのです。

他人の評価が気になって他の事ができなくなったり、現実を忘れるためにSNSに逃げ込んでいるなら要注意です。たましいはますます栄養不足になるでしょう。

SNSで誰かとつながるより大切なのは、自分自身とつながることです。自分だけに見せる日記を書くなどして、自分の心を内観してください。本当は自分が何を求めているのか。どんな人生を送りたいのか。その答えはSNSの中にはありません。

亡き人に、心配をかけない生き方をする

再会できるその日のために

愛する人と死に別れるのは、言うまでもなく、悲しくつらいことです。一時期、その悲しみやつらさに翻弄されるのは仕方のないことです。我慢するよりも、むしろ悲しみ尽くすことのほうが大切です。

けれど、いつまでも泣き暮らしていてはいけません。悲しみに溺《おぼ》れて、生きる気力すらなくしてしまうと、大切な学びができなくなってしまいます。

泣くのではなく、感謝をしてください。さまざまな思い出をかみしめて「ありがとう」と声に出して言ってみてください。そして前を向いて生きていくことです。

いつまでも泣いていると亡くなった人が心配します。

心配をかけない生き方をすること。それが本当の供養です。

人は肉体だけの存在ではありません。たましいがあります。死によって肉体が滅んでも、無になるわけではないのです。

いつか会える。そう信じて、再会できるその日のために、今、この時間をしっかりと生きること。それが本当の愛だと思います。

第2章

不安に押しつぶれそうなとき思い出してほしいこと

世界のすべてに
あなたの心が映し出されています

世界を変えるあなたの中の力

災害、疫病、紛争……。そんなニュースに接してひどく不安になるときは、自分の心を振り返ってみてください。

たとえばテロの映像を見て暴力的な気持ちになっていませんか。表面的な情報だけを鵜呑《う》みにして感情的になっていませんか。

この世で起こるすべてのことは、あなたの心の映し出しです。

世界中の人の心のネガティブな部分が集結したら、どれだけの量になるでしょう。その一部をあなたも担《にな》っていませんか。

不安な気持ちがつのるときほど、あなた自身の暮らし方、心の在《あ》り方を冷静にチェックしてください。

世界に渦巻くマイナスのエネルギーを振り払い、プラスの方向へと導くのは、何も政治の力だけではありません。あなた自身のもつ力、その影響力をあなどらないでください。あなたの心と、あなたの暮らしから、世の中は変わっていくのです。

あなたは「愛」を学ぶために
生まれてきました

「10％の愛」に気づくことから始まる

今、あなたが生きているということ。そのこと自体、あなたが愛されている、という証拠です。愛されずに生きてきた人は誰もいません。

赤ちゃんのころは、必ず誰かがおむつを替え、ミルクを飲ませてくれました。それ以降、現在まで誰かが何かをしてくれたからこそ、今あなたは生きていられるのです。

家族に恵まれなかった人はいるでしょう。受けた愛の量に違いはあるかもしれません。けれど必ずみんな「愛されて」生きてきました。誰かがあなたを気にかけ、笑顔を向けてくれたからこそ、今、ここに、あなたは存在しています。

120％の愛だけが愛ではありません。たとえ10％でもそれはあなたに向けられた愛なのです。その愛に気づき、その愛に感謝してください。

そうすれば、電池のように自分の中に愛を充電し、蓄積していくことができます。

すると愛を人に与えることも、受けとることも自然にできるようになり、良い循環が始まります。

あなたに向けられた「10％の愛」に気づくこと。まずそこから始めましょう。

誰の人生にも必ず光と闇があります

自分のもっている幸せに気づく

人間は絶対的に平等です。たとえこの世では不公平に見えたとしても、死後の世界も含めた長いスパンで考えると、絶対的平等なのです。

今の一瞬にとらわれるのではなく、長い目で見ればわかります。

人を羨《うらや》むのは、相手の中身を本当には見ていないからです。幸せそうに見える人でも、必ずその分のリスクを背負って生きています。たとえば富裕層やセレブと呼ばれる人を羨む人は多いですが、実際には財産をめぐって親族が争ったり、物質に恵まれすぎるがゆえに大切な心を見失ったりしやすいものです。

人の人生には必ず光と闇があります。光だけの人生はありえないのです。

心の視野を広くしてください。今この瞬間の物質的な栄華に目を奪われるのではなく、その背後にあったであろう闇の部分、その人が今までしてきた努力、これからするであろう苦労、そういうものも見てください。

それができれば、人はみんな平等であることがわかります。

あなたがもっている幸せにも気づくことができるのです。

お金は流すもの
流してこそ、めぐるものです

お金の法則

経済的な不安があるときに出費が続くと、頭が痛くなりますね。けれど、必要な出費までも出し惜《お》しんでいると、ますますお金は離れていきます。お金を惜しんで、義理を欠くほうが、良くないのです。

人へのお祝いや子どもの教育にかかる費用など、大切なことを出ししぶると、不思議なもので、他のことで無駄な出費を余儀なくさせられたりします。

本当に必要なお金は、気持ち良く出しましょう。そうすると思わぬところから意外な収入があったりするものです。出費も収入も神に委《ゆだ》ねてしまえばいいのです。

人のための出費が続くときは、やがてお金が入ってくるということ。お金が出ていかない人のところには、お金は入ってきません。

ただし、不必要に高価なブランド品を買ったり、贅沢をするために使ったりするお金は、出たら出たきりで還ってきません。

自分のために浪費したお金は還ってこない。

人のために使ったお金は戻ってくる。これがお金の法則です。

「人のために」という動機
お金はその心に集まります

お金を大きく育てるコツ

お金を扱うときは「何のために」という動機を大切にしてください。

何のために稼ぎたいのか、使いたいのか、貯めたいのか。あの世にまでお金をもっていける人はいません。ですから大切なのはお金そのものではなく、お金に対してどういう気持ちで向きあっているか。どういう経験と感動を積み重ねるかです。

「不安だから」という動機だと、間違うことが多いです。たとえばお金だけに執着して、人を大切にしなくなったり、お金を至上価値としてお金がない人を見下したり。あるいはお金がないことに劣等感を抱いて、お金がある人を妬《ねた》むようになったりする。そうなるとお金は集まってこないでしょう。

お金が大きく育つのは「人のために」という動機で扱うときです。たとえば「家族のために家を買いたい」という動機があれば、計画的に努力ができるので必要なお金が貯まります。「自分のために」だと、つい無駄づかいするので貯まりにくいのです。

自分のことだけでなく、広く「人のために」という気持ちのある人のところにお金は集まりやすい。お金にはそういう性質があるのです。

最終的に頼りになるのは、
お金ではなく、人です

〝心の貧乏〟にならないために

どんなにお金があっても、日常の人間関係が満たされていないと、「これで安心」と思えることはないでしょう。

人と接すると、傷つくこともあります。だからといって、表面的なつきあいだけでお茶を濁《にご》していると、心はどんどん貧しくなります。

傷つけたり、傷つけられたりすることを恐れずに、日常の人間関係を大切にしてください。

その中で、お金では買えないものが手に入るはずです。表面的ではない、本物の笑顔に出会えるはずです。

当たり前すぎて忘れられがちなことですが、愛はお金では買えません。

最終的に頼りになるのは、お金ではなく、人です。

人とのつながりを大切にして、心が貧乏にならないように、心のケアを怠らないようにしてください。お金と心。両方の車輪がうまく回ったとき、初めて人は「安心」を手に入れられるのです。

苦しい今こそ、チャンスです

良い道が拓けるきっかけ

倒産やリストラ、派遣社員の契約解除などは、企業が生き残るためにやむを得ない場合もあります。ですから、そんな憂き目に遭ったとしても、必要以上に傷つく必要はありません。人格を否定されたわけではないのです。

リストラされたら、まずはおいしいものでも食べてゆっくり休みましょう。それができたらじっくり考えましょう。今までの自分の働き方を振り返る、いい機会です。

経営の上層部やリストラを免《まぬか》れた同僚などへの憎しみ、恨みは禁物です。そういったマイナスのエネルギーは自分自身の波長を弱めるだけだからです。

そうではなく、あなた自身が会社にとってどういう存在だったのか。「必要な人材」と認めさせるには、何が必要だったのか。客観的に分析してみてください。

理不尽だと思える事柄の中にも、理由は必ずあります。

感情に流されず、冷静にその理由を見つけることができたなら、明日の希望が見えてきます。次にどの会社にいっても通用する力、必要なら起業する力をつけて、前より良い道を拓いていくこともできるでしょう。苦しい今こそ、チャンスです。

自信は「経験」から生まれます
「勇気」がそれを育てます

とにかくやってみる！

「自信がない」という理由で、チャレンジをためらわないでください。

新しいことを始めるときは、不安がともないます。不安を乗り越えるために「自信」が必要でしょうか。いいえ、必要なのは、「経験」です。

何も試してみないうちから、自信があるほうがおかしいのです。まず、今できることから始めて、経験を積みましょう。自信がないからといって行動しなければ、いつまでたっても自信は生まれません。

行動する前にあれこれ考えてしまって、なかなか動けない人は、不安と恐れを手放せないでいるのです。もし失敗したらどうしよう、人に笑われたらどうしよう、という不安が行動力を鈍らせて、その結果、何もしないことになる。不安と恐れが、怠惰を生むのです。そんな悪循環の中にいては、いつまでたっても自信が身につきません。

思い切って行動してみてください。自信なんてなくてもいい。失敗しても、人になんと思われてもかまわない。とにかくやってみる。

その勇気が、やがて自信につながるのです。

人の評価を無視せず
一喜一憂しない

ぶれない「自分の軸」をもつ

人生には、いいときもあれば悪いときもあります。両方を経験すれば、人からの評価が気にならなくなります。他人はじつに無責任にあれこれ言うものだということがわかるからです。いろいろな評価にさらされているうちに、人の評価はしょせん人の評価、正しいとは限らないとわかってきます。冷静な視点をもてるようになるのです。

とはいえ、人からの評価はすべて無視すればいいというものでもありません。「そろそろ自分の間違いや欠点に気づきなさい」という大切なメッセージが含まれている場合もあるからです。人からの評価に一喜一憂することなく、無視することもなく、冷静に耳を傾けることが必要です。

そして何より大切なのは、自分で自分をどう評価するか、という視点です。

他人がどう評価しようと、基本は自分自身です。

どんなときも自分の正義を忘れないでください。自分が正しいと思うならそれでいいし、間違っていたと思えば正せばいいだけです。

その価値判断において、決してぶれない「自分の軸」をもちましょう。

人生には「待つ」時間が必要です

進める時機を見極める

障害が生じて、ものごとがなぜかうまく進まない。そういうときは、焦って無理に進めようとしてはいけません。

「今その仕事をしては危険だよ」

「思わぬ落とし穴があるから、よくチェックをしなさい」

「今それをすると大きな失敗につながるよ」


そういうメッセージであることが多いのです。

それはある意味、恩寵《おんちょう》です。あとになればわかります。

この世に偶然はありません。

進めていいことなら、必ずとんとん拍子に進みます。障害が生じて進まないなら、今は時機ではないということです。

今できる努力をしっかりと続けながら、焦らずに待ちましょう。チャンスはいつか必ず訪れます。

不安に思う必要は何ひとつありません。

気持ちが落ち込むときは自然の中に自分を「放牧《ほうぼく》」してください

大自然の精霊のパワー

自然とのふれあいは、人間には絶対に必要なことです。できれば季節ごとに一度は大自然の中へ出かけましょう。とくに都会で暮らしている人は、定期的に自分を自然の中に「放牧《ほうぼく》」してあげてください。

海には力強い「動」のパワーがあります。何かにチャレンジしたいとき、突き進んでいきたいときは海へ行きたい気分になるでしょう。山にはどっしりした「静」のパワーがあります。落ち着いて自分を振り返ったり、芯の強さをもちたいときは山に魅力を感じるでしょう。その気持ちに素直になって行き先を決めましょう。

もちろん、海の精霊、山の精霊に「パワーを分けていただく」という謙虚な気持ちや、環境への配慮をもつことが大切です。自然を愛する気持ちがあるからこそ、その愛と同じ波長のエネルギーが自然から還ってくるのです。

外出が難しい場合は、部屋の中に観葉植物を置くだけでも自然のパワーをもらうことができます。また季節の旬のものを食べることも効果的です。旬の食べ物は地球からのプレゼント。気持ちが落ち込むときは、ぜひ試してみてください。

ものが寂しさを癒してくれますか
心を守ってくれますか

愛の電池を充電する

心の底で「失う恐れ」を感じていると、ものをため込み、捨てられません。本当に必要だからとか、大好きで長く使いたいからという理由でものを捨てないというのはあまり多くなく、むしろ不必要だし好きでもないのに捨てられない。

それは、失うと自分がどうなるかわからない、という不安があるからです。その不安は、心が満たされていないことから生じます。ものに執着して捨てられなかったり買いものをしてものを増やしたりするのは一種の心の誤作動です。心の寂しさを隠す鎧《よろい》のように、心の隙間に不要なものを詰め込んで、安心感を得ようとしているのです。

けれど、ものが本当に寂しさを癒してくれますか。自分を守ってくれますか。

答えはノーです。寂しさを癒し、心を守ってくれるのは、「愛」だけです。

ものではなく、愛を蓄えてください。たとえば周りの人に気持ち良く挨拶をする。落ちているゴミを拾って捨てる。お店の支払い時に笑顔を見せる。そういう日常のささいなことからでも、愛の電池は充電されます。その愛であなた自身が癒されます。ものでごまかしているうちは、寂しさや不安は消えません。

自由な心で、懸命に生きる
それが幸せへの近道です

すべての基本は自分

風水では「西に黄色いものを飾ると金運アップ」などとよく言われます。不安なときは、風水を利用したくなることもあるでしょう。自分の「願う心」を強め、ポジティブになる手段として、風水を試してみてもいいでしょう。

もともと風水は「物質的に豊かに暮らしたい」と思う人のもの。スピリチュアリズムは「物質ではなく、心を豊かにして暮らしましょう」という価値観です。

たとえば子どもが非行に走ったのをなんとかしたいと思い、風水にしたがって部屋のレイアウトを変えたら子どもが立ち直った。こういう場合、スピリチュアリズムでは、それは風水レイアウトのおかげではなく、「そこまでして、子どもを立ち直らせたいと願う親が自身を見つめ、霊的真理の法則に適《かな》う生き方に変えたから」だと思います。

すべての基本は自分です。たましいの法則にしたがい生きる自分の心と行動が、幸せをつくります。それ以外に幸せへの近道はありません。

私たちには必要以上の幸せも
必要以上の不幸も訪れません

変えられない「宿命」より、変えられる「運命」をどう切り拓くか

人の寿命は、宿命です。もがいても焦っても、それを変えることはできません。ですから災害や疫病、事故などを必要以上に恐れる必要はないのです。もちろん必要な対策や備えをすることは大切です。けれど、できる備えをしているならば、あとは天に任せればいいのです。

寿命は宿命であり、変えられない。この事実はむしろ私たちに平安をもたらしてくれるでしょう。なぜなら、たとえどのような災害や事故が起きたとしても、それによって死ぬという宿命をもっていない人は死なないからです。

私たちには、必要以上の幸せも、必要以上の不幸も訪れません。すべての事象は、私たちが宿命として選んできたこと。いつ、どんな理由で死を迎えるか。その死から何を学ぶか。それはどんな目的でこの世に生まれてきたかによって違います。

ですから、いたずらに明日を思い煩《わずら》っても同じこと。

変えられない「宿命」を不安に思うより、変えることのできる「運命」をどうやって切り拓くのか。そのことだけを考えましょう。

「輝く生き方」とは、
感謝して
静かな笑顔をたたえて生きること

心がおだやかで安らかな状態

離婚＝悪ではありません。この結婚は失敗だったとわかったなら、解消して新しい道を選べばいいだけです。「子どものために離婚はできない」という考え方がありますが、大人には大人の事情があり、子どもの思う通りにはならないことがある。それを早い段階からわかっておくことは、その子にとって悪いことではありません。

無条件に離婚は恥ずべきことと思い込んでいる人もいますが、自分で考え抜いた結論ならともかく、世間体だけを気にしたり、他人の意見を鵜呑《うの》みにしたりしているのであれば、良い結果になりません。

自分の人生を本当に輝かせるには、どうすればいいか。それだけを考えましょう。ただし「輝く」とは、どこかのひのき舞台に立ってキラキラと活躍する、ということではありません。心がおだやかで安らかな状態であることです。

妬みも恨みも苛立ちもなく、今ある自らの命に感謝しながら、静かな笑顔をたたえて生きる。そんな「輝く生き方」を手に入れるためには、どうすればいいか。冷静に考えて、賢い選択をしてください。

「備え」があれば、不安は減ります

幸せな介護&老後のために

親の介護や自身の老後の心配は、年齢を重ねるとひたひたと襲ってきます。不安を感じるなら、備えましょう。いざというとき、何の備えもないと、あわててしまってベストな方法を選びにくくなります。不安なことからは目をそらすのではなく、むしろまっすぐに見つめてください。常に先を見通して行動することで、道は拓けます。「行き当たりばったりの人生にはしない」と決め、計画を立てることです。

介護が必要になったら、どうするか。まず国の福祉政策を調べて、どんな制度があるのか把握すること。民間の施設を調べたり、必要な金額を算段するのも大切です。

親の面倒は子どもが見るのが美しく、そうしないのは薄情だという考え方もありますが、それは違います。親子ともに疲れ果てて共倒れになるぐらいなら、プロの手を借りるほうが百倍ましです。

「よくやってるわね」という承認欲求や「かわいそうな私」という自己憐憫《れんびん》に陥らず、理性を働かせて、自分の力で計画的に立ち向かう。その覚悟をもつことが、親子ともに幸せな介護&老後をつくる第一歩です。

肉体は滅びても、たましいは永遠です

人は死んでも無にならない

死を恐れる。不安に思う。その気持ちは大切です。それがないと自ら死を選ぶこともたやすくなり、現世に生まれてきた使命を果たせなくなるでしょう。

一方で、死を恐れるあまり冷静さを失ってパニックになってもいけません。正しい状況判断や必要な学びができなくなるからです。人はいつか死を迎えます。死なない人は誰もいません。死因や時期に違いがあるだけ。

つまり、焦っても恐れても同じことなのです。

死への恐怖が強いのは、死ぬと自分が無になると思っているからでしょう。

私たちはみな、たましいをもつ存在であることを思い出してください。肉体は滅びても、たましいは永遠です。無になることはありません。人はみな、いつかたましいのふるさとへ帰還します。大切なのは、そのときまで、与えられた命をいかに充実させるか。ただそれだけです。

過剰に死を恐れて、理性的な思考を手放さないようにしてください。

理性こそが、未来を照らす「道しるべ」です。

人生の主役は、あなたです

人生のひとり旅を楽しむ

私たちはみな、この世に生まれたときから、ひとり旅を始めた旅人です。ひとりで生まれて、ひとりで死んでいくのが、私たちの宿命です。それを寂しいとか不安だといっても始まりません。

ひとりで旅をするために何が必要か。ひとりで考え、ひとりで決定し、ひとりで行動することです。いつも友人と一緒でないと居心地が悪い人は、心の底に「ひとりでは、やっていけないのではないか」という不安があるのでしょう。

ひとりでもまったく問題ありません。あなたの人生の主役は、あなたです。あなたがすべてを変えていけるのです。たとえば、友だちと疎遠になったとき、一見、相手が去ったように見えても、あなたの思いが変わったから相手が離れただけのこと。前を向いて生きていれば、あなたにぴったり合う人が必ずまた現れます。

失うことも得ることも、すべて自分で決めているのです。

ひとり旅だからこそ、自分と深く向き合えます。新しい発見と感動に出会えます。ドラマの主役のように、あなたの足で、あなただけの道を歩いてください。

第3章

どうしようもなく傷ついたときに

打算を捨てれば、自分の心を守れます

直感を大切に

私たちはみな、あえぎながら生きています。どんなに強そうに見えても苦しんでいない人などいません。その意味で人はみな平等です。ただし、どうしても自分とはそりが合わない、会うといつも傷つけられると感じる人とは距離を置くほうがいいでしょう。自分のたましいが拒絶している。そういう直感は大切にしてください。

頭ではなく、たましいが知っていることがあります。たましいの叡智《えいち》が働き、危険を知らせてくる場合は、その声に素直に耳を傾けましょう。

仕事上、どうしても距離をとれない場合でも「これ以上は踏み込ませない」という一線をしっかりと引いておくことです。人は誰でも他人には踏み込まれたくない「聖域」をもっています。そこは意識してしっかりと守り切りましょう。

それでもどうしても避けることができないという場合は、自分の中に打算がないか振り返ってみてください。この人と一緒にいると得だと思ったり、世間体がいいと考えたり。そういう打算があると、相手から離れられません。打算を捨てれば、関係性が変わります。適度な距離を保ち、心を守ることもできるようになるのです。

傷つけられたのではありません
たましいが磨かれているのです

私を「憎んでくれる」人

あなたを憎む人のことを、憎み返さないでください。誰かとトラブルになって、憎しみや悪意にさらされていると感じたとき、憎み返さないのは難しいでしょう。

けれど、スピリチュアリズムでは「憎んでくれる」という言い方をします。それはあなたに「憎まれる苦しみ」を教えるために、その人が「人を憎む」というマイナスの経験を背負ってくれているからです。そのマイナスの経験は必ず本人のもとへ還っていきます。にもかかわらず、憎んでくれる。私を成長させるために罪を背負ってくれている。そう考えてみると、感謝の気持ちさえ湧いてくるはずです。

憎んでくれる人がいるから、憎まれる人の気持ちがわかる。憎まれる苦しみがわかったら、今度は人を憎まない人になれます。成長できるのです。

人は、人がいないと学べません。人とかかわる中で傷つき、悩み、切磋《せっさ》琢磨《たくま》しながらでないと何も学べないのです。もちろん一足飛びに、憎しみが感謝に変わることはないでしょう。けれど少し視点を変えてみてください。あなたは今、傷つけられたのではありません。深い学びをして、たましいを磨いているのです。

「強い憎しみ」の感情に苦しんだ人は
「強い愛情」をも経験できる人です

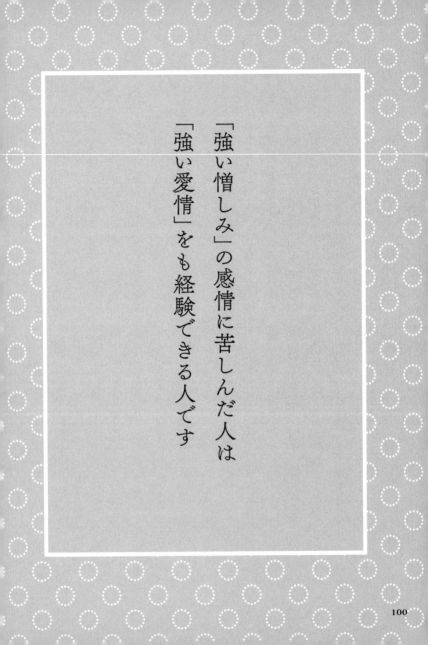

無駄な経験はひとつもない

殺したいほど人を憎む。この経験は苦しいものです。自分の心が殺されるような経験を先にしたからこそ、激しい憎しみが生まれるのですから。

けれどそんなとき、自分の手で相手を罰する必要はありません。人は死ぬ直前、自分の行為のすべてが記録された「アカシック・レコード」を見せられます。そのとき神に恥じるのはどちらなのか。罪を犯したのが相手なら、神がそれを裁いてくれます。その裁きを信じてください。

次にこう考えてみてください。この経験を生んだのは自分の波長なのかもしれないと。100％相手だけが悪いということはありません。大きく言えば、フィフティ・フィフティの部分もあるのです。その自分の罪を浄化するよう努めましょう。

無駄な経験はひとつもありません。人を憎む経験があるから、反対に死んでもいいほど人を強く愛することもできるのです。苦しい思い、泣きたくなるような思いをするために人は生まれてきます。憎しみが心に渦巻くときは、少し肩の力を抜いて、私は今大切な学びをしているのだと考えてみませんか。少し心がやわらぐはずです。

泥の中から、美しい蓮《はす》の花が咲きます

ＳＮＳのもうひとつの側面

簡単な自己表現の手段としてSNSは楽しい側面もありますが、リスクもあります。発言が「炎上」して、誹謗中傷《ひぼうちゅうしょう》の被害に遭うこともそのひとつです。

世の中には、人を無責任にけなしたり、貶《おとし》めたりすることで喜ぶ、心の汚れた人もたくさんいます。それは「承認欲求」が強すぎるからです。「私をわかって」「私をほめて」という思いが強い。だからちょっとした言葉に過敏に反応して、暴言を投げつけに行く。それが話題になると、自分が認められたように錯覚してしまう。

「わかってもらいたがり屋」や、「寂しがり屋」が集まりやすいところ。それがSNSです。理性でそのことを理解できたなら、「人のふり見て、わがふり直せ」で、自分は人を貶《おとし》めて喜ぶ人にはならない、と決めましょう。

もちろんSNSの中には、有益な良い発信もあります。玉石混交《ぎょくせきこんこう》なのです。

蓮の花は、泥の中から咲きます。世界が汚泥《おでい》にまみれていても、その中から崇高で美しいものが生まれることがある。それがこの世のすばらしさです。SNSで痛い思いをしても、その泥にまみれず、美しい花を咲かせてください。

「失敗」をするために、私たちは生まれてきました

自分なりの「哲学」を見つける

失敗をしたときは、そこから何が学べるかを考えましょう。原因を正面から見つめて反省する。そして、次から同じことはしないと決める。それだけでいいのです。いつまでもクヨクヨしているなら、それは本当に反省しているのではなく、人にどう思われるかという恥ずかしさに悩んでいるのでしょう。人から低く見られるのではないかというプライドが、心を苛《さいな》んでいるのです。

そんなときこそ、人生の真理を思い出してください。私たちは何のために生まれてきたのか。人は死んでどこへ行くのか。仕事は何のためにするのか。愛とは何か。すべてにおいて自分なりの「哲学」を見つけてください。

今、あなたがこの世に生きているのは、経験を積んで成長し、たましいを輝かせるためです。死んで肉体を離れたとき、生きてきた経験の総和がたましいの成長となって実感できます。そのとき、今あなたを悩ませている失敗や恥はどういう意味をもつか、それを考えてみてください。失敗をするために、私たちは生まれてきました。失敗を乗り越えるために、今、ここにいるのです。

逆境と思えば、苦しいだけ
新たな挑戦と思えば、道は拓けます

人生の冒険を楽しむ

仕事で不本意な部署に異動になったり、家庭においても望む環境にならないケースは多々あります。望まない場所にいるときは、テンションを高めて前向きになることは難しいものですが、そんなときこそ、少しだけ見方を変えてみましょう。

今、あなたのいる場所で、どんな新しい体験ができますか。

何を学ぶために、今、その環境が与えられたのでしょう。

少しだけ元気を出して、そんなふうに考えてみてください。すると、いやだなと思っていたことが、意外と自分に向いていることに気づいたり、おもしろくなってきたりするかもしれません。あるいは、今まで気づかなかった自分の長所や短所が、新たに見えてくることもあるでしょう。

人生は、常に冒険です。冒険の中で、新しい体験を積むこと。それが生きる目的です。ぜひ冒険を楽しんでください。

逆境と思えば、苦しいだけでしょう。けれど、新たな挑戦の場、経験を積むためのレッスンだと思えば、きっと道は拓けてきます。

「強くなりたい」
その祈りは必ず通じます

自分の「弱さ」を見つめる勇気

家庭環境は、人それぞれ違います。どんな家庭で育ったかが、人生において大きな意味をもつことは否定できません。けれど悲惨な家庭環境に同じように育っても、それを乗り越えられる人と、乗り越えられない人がいます。厳しい言い方になりますが、育ってきた環境によってできた心の傷、すなわちトラウマを乗り越えられないのは、環境だけが原因ではなく、その人自身に弱いところがあるのです。

まず自分自身の抱えるその弱さに気づいてください。認めてください。

「私はトラウマがあるから、人を愛せないし、愛されることもない」と思っているとしたら、そう思うことで、再び傷つくことから自分を守ろうとしているのです。

心の傷から生まれた弱さ、環境から生まれた弱さ、もって生まれた弱さ、さまざまな弱さをみんな抱えています。それを直視する勇気をもち、それを癒し、乗り越えようと決意してください。「強くなりたい」と念じてください。祈りは必ず通じます。

何も不安に思う必要はありません。あなた自身が、自分の力で立ち上がろうとするとき、必ず多くのサポートが得られます。

誰かの言葉で傷ついたら
自分の中にいる〝神〟に
自分の正しい在《あ》り方を問いましょう

図星だから傷つく!?

誰かの言葉で傷ついた。そんなときこそ感情ではなく、理性で分析してください。なぜ傷つくのか。図星だからです。その言葉が当たっていなければ、痛くもなんともありません。「本当のこと」を言われたから傷ついた。ではその真実の姿をどう変えていくのか。あるいは変えないままで生きていくのか。「私はこれでいい」と思うならそのままでいいし、「変わったほうがいいかな」と思うなら変わればいい。それだけのことです。相手に対して過度な依存心がなかったかも振り返りましょう。

本当はやさしくしてほしかったのに、キツイことを言われてしまった。そういう場合はダメージが大きくて、いつまでもその言葉が忘れられなかったりします。

怒りのあまり自分も相手を傷つけたいと思うかもしれませんが、それでは相手と同じレベルになるだけ。感情に翻弄されてバトルになると、あなたが成長できません。自らの成長を放棄すること。それはもっとも自分を傷つける行為です。

人が何を言おうと、関係ないのです。自分と対話をすればいいだけ。自分の中にいる〝神〟に対して、自分の正しい在《あ》り方を問う。それだけでいいのです。

どんなトンネルにも出口はあります

家族だからこそできること

「引きこもり」の問題は、今では高齢化が重要課題になっています。中年になっても部屋に引きこもり、ただ食べて寝てスマホやパソコンでゲームをしたり、テレビを眺めているとしたら、それは人生の無駄づかい。たましいの成長もありません。

家族がするべきことは、なぜ外に出られなくなったのか、その理由を見極めることです。もって生まれた性格や育った環境、友人知人、好きなものや嫌いなこと、心に響いたであろう出来事、そういうものを振り返り、よく観察し直して、原因が絞り込めれば、解決に向けた一歩になるでしょう。

これは本当の愛情がないとできません。世間体や自分の保身を考えていては、見えるものも見えてこないのです。引きこもっている人の人生の意味と、この先の人生の可能性を本気で考え、暗闇から出ていく勇気を与えることができるのは、一緒に生きてきた両親や家族だからこそできる仕事ではないかと思います。

どんなトンネルの暗闇にも必ず出口はあります。相手のことだけを本当に考え、愛をもって一緒に出口を探してください。努力の先に、光は必ず見えてきます。

子どもをもつことが幸せの条件ではありません

子育てと同等に価値のあること

不妊治療をしても子どもを授からなかった場合、思い出してほしいのは、この世に幸福だけの人も不幸だけの人も存在しないということです。子どもに恵まれて幸せそうに見える人でも何らかの困難を抱えています。反対に、子どもはいなくてもすばらしいパートナーに恵まれていたり、やりがいのある仕事に就いている人もいます。

子どもをもつことが幸せの条件ではないのです。「子どもがいないから不幸」という考え方を捨てて、自分がもつ恵まれた点に気づいてください。子育てをしないと一人前ではないと考える人もまだいますがそれは偏見です。たとえば会社で部下を育てること、学校の先生が生徒を育てること、あるいはなんらかのトラウマを抱えている人に愛の電池を充電して大人になれるように育てることも「子育て」のひとつです。

子育てと同じぐらい価値あることは、この世にたくさんあるのです。

まずは、不妊治療をがんばってきた自分をほめてあげてください。そして、「子どもがいない人生」をすばらしく充実させられるように、胸を張って、前を向いて、歩いていきましょう。

私たちはみんな「宿命」を背負っています
それを乗り越えるのが使命です

運命は変えられる

もって生まれて変えられないもの、それが「宿命」です。生まれつき心身に何らかの不自由があるということも宿命といえます。

その宿命を受け入れて、乗り越えていけるかどうか。これは「運命」です。運命は変えられます。

心身の障害があっても、その物理的な不都合をさまざまな工夫で乗り越え、今の自分にできることに精一杯の努力をして、道を拓いている人はたくさんいます。

受け入れて、乗り越えなくてはいけない宿命を背負っているという点では、私たちはみな同じ。それぞれに就職や結婚、人間関係などでつまずき、悩んでいます。その意味では、この世に生まれた人はみんな障害があるのです。

人間の幸不幸や生きにくさは、見た目ではなく、心のもち方で決まります。

目に見える障害をもっている人だけが、特別に不幸ということではありません。逆に不自由がないから幸せとも限りません。たとえば「自分の顔が気に入らない」と思い込んでいる人は、その心が不自由なのです。心が幸せを遠ざけているのです。

「不運期」から何を学ぶか

裏を返せば「幸運期」

たとえば占い師に「あなたは、今年は良くないですね」と言われても、嘆く必要はありません。人生に「悪い時期」があってもいいのです。もっとも大切なのは、この不運期から何を学ぶべきなのか、それを知ることです。

たとえば働き続けて心身が疲れているなら、少しブレーキをかけて休むべき時期が来ているのか。あるいは、やる気が起きずにダラダラする時期が続いていたなら、このままでは益々停滞しますよというメッセージなのか。こうした自己反省をして「悪い時期」の意味を分析しないのなら、占ってもらう意味がありません。

占いは自分を見つめ直すきっかけにするべきものです。「悪い時期」だと言われたからといって、何の反省も思考もせず、行動を起こすことをためらっていては、幸せになれません。進歩も成長もなく、生きる喜びも見失いかねません。

自分自身を見つめ直し、よく考えたうえでなら「悪い時期」でも行動すればいいのです。真っ向から不幸にぶつかって、苦しむからこそ生まれる感動もあります。

不運な時期こそ、学びの機会がたくさんある幸運期ともいえるのです。

失えば、得るものが必ずあります

自分の人生を信じる

信じていた人に傷つけられたときは、誰でも「裏切られた」と思い、相手を恨《うら》むでしょう。けれど恨み続けてはいけません。まず「裏切られる」という言い方をやめましょう。これはマイナスのスパイラルを引き起こす言葉です。そのあとも悪いことが続いたり、這《は》い上がることが難しくなったりしやすいのです。

その人を信じたのは、他でもないあなた自身です。人を裏切る人物を見抜けなかった、眼力がなかった、ということを教えてもらったのです。それを教訓にできれば、二度と同じ目に遭わずにすみます。「自分とつきあうべき相手ではなかった」と思って、その事実を静かに受け入れましょう。また、人を裏切る人は必ずどこかで自分の生き方を反省し、学ばされるようにできています。

そして、自分の人生を信じることです。あとになれば必ず「あんなつらい思いをしたからこそ今の幸せがある」と思えるようになります。失えば、得るものが必ずあるのです。成功している人に苦労人が多いのはその証拠。つらい思いをたくさんしたから、たましいが成長し、大きな幸せをつかむことができたのです。

「逃げるが勝ち」の場合もあります

自分の力で扉を開ける

人が集団になると、いじめが生じる。残念ですが、これは人間が普遍的にもつ性質のひとつです。今いじめられている、という人に伝えたい三つの対策があります。

第一段階、自分が変わる努力をしてみましょう。相手に「気をつかって」びくびくするのではなく「気をきかせる」こと。相手と自分を客観的に冷静に観察して、自分の言動を変えてみることです。

第二段階、周りの人に相談すること。学校なら担任や学年主任、校長先生や教育委員会に。職場なら上司や社長に。いじめられていることは、恥ではありません。恥ずかしいのは、いじめている側、加害者なのです。黙っていてはいけません。

第三段階、どうしても無理なら環境を変えること。いじめがやめられない人は一種の病気です。そんな人の犠牲になる必要はありません。戦うのも無駄なこと。逃げればいいのです。逃げるが勝ちです。ただし、「いじめられた」という被害者意識や恨みはいつまでももち続けないでください。自分の力で明るい未来へ続く扉をあけるのです。その勇気と誇りだけを胸に抱き、新しい環境でしっかりと生きていきましょう。

意味があるから生きるのではありません
生きることそのものに意味があるのです

人生に絶望したとき

生きている意味がわからなくなり、死を願ってしまう。そんなとき、思い出してください。私たちは、意味があるから生きているのではありません。どんなに苦しくても生き続ける。そのこと自体に意味があるのです。

苦しみを乗り越えられずに自分で命を絶つことは、自ら選んで生まれてきた課題を放棄するということ。人生を学校にたとえれば、卒業せずに退学する、ということです。こんなもったいないことはありません。

自殺したたましいは、生まれ変わって最初から課題に取り組まないといけません。最後まで人生をまっとうしたなら、たましいがその経験を記憶しています。けれど途中で放棄してしまうと、つまずいたのと同じ段階に到達するまで一からやり直しです。それなら、せっかく生まれてきたこの現世で、どんな方法でもいいから乗り越える努力をしてみましょう。

失敗してもいい。休みながら、少しずつでかまわない。生き続けていれば、あなたのたましいに新しい輝きが加わります。それこそが生きる意味なのです。

あなたが生き抜く姿を見せること
それがほんとうの供養です

のこされた人にできること

身近な人が自死してしまったとき、のこされた人の嘆きは大きいでしょう。なぜ自死してしまったのか。どんな悩みを抱えていたのか。自分にできることはなかったのか。悲しい気持ち、責めたい気持ちが渦巻くと思います。

けれど、どんなに嘆いても時間は戻りません。日本では自死を、何か深い因縁のあること、呪われた出来事であるかのようにとらえる風潮がありますが、それは違います。生きている人も同様に、小さなハードルを越えられず、逃げることがありますね。それと同じです。繰り返しますが、私たちはひとつの問題から逃げても、その意味を理解し、乗り越えていかない限り、また同じ問題で苦しむようにできているのです。それは亡くなった人も生きている人も同じです。

のこされた私たちにできることは、「もう一度、やり直しだね。祈っているから」と念じてあげることです。

そして私たち自身が、生きることの意味を深くかみしめながら、困難から逃げずに生き抜いていくこと。その姿を見せることこそが本当の供養になるのです。

あなたが本当に癒されるために必要なこと

光に近づく

何かで傷ついて、心が疲れてしまったときは、まずゆっくり休みましょう。ひたすら眠るだけでもいいのです。肉体の疲れをまず癒すことです。

肉体の疲れがとれたら、心も少し元気になります。そのとき考えてみてください。あなたが本当に癒されるためには何が必要なのか。

それは、自らが光に近づいていくことです。自らがたましいをもつ存在であることに気づき、より高いたましいになろうとすること。真《しん》・善《ぜん》・美《び》、すなわち真なるもの、善なるもの、美なるものの価値を知り、そのすばらしさに浸り、味わうこと。大人の感性をもち、他者の幸せを願い、世の中全体の幸福を願うこと。

そのためには、常に自分自身のたましいの声に耳を澄ませてください。ささいな感情や雑事にとらわれることなく、本当に大切な自分自身の夢や希望、生まれてきた意味について、意識的に考えてください。「かくありたい自分」に向けて、自らを変えようと努力してください。

その中で初めて、本当の癒し、本当の安らぎが手に入るのです。

第4章

あなたが生まれてきた意味

どんな人にも「使命」があります

心のクセを修正する

私たちはみな落ちこぼれの天使です。何か学ぶべきことがあるからこそ、現世へ生まれ直してきたのです。学ぶべきことが何もないのは、神にも近い汚れなき崇高なたましいだけ。そんな人はどこにもいません。

何を学ぶために生まれてきたのか。それは人によって違います。

今までのあなたの人生を振り返ってみてください。いつも同じことでつまずいていませんか。すぐに周りの意見に流されたり、誰かを許せないという思いに縛られたり。やめられない心のクセがないでしょうか。それを修正することが、今生《こんじょう》での課題です。

両親や家族にもヒントがあります。何の問題もない家族は少ないもの。その問題といかに向き合い、乗り越えていくのかが試されているのです。もって生まれた容姿や環境にも同じことが言えます。

あなたはなぜその宿命のもと、この世に生まれてきたのか。どんな使命（天から与えられた課題）を果たすために今を生きているのか。

あなた自身のたましいに深く問いかけてみてください。

この世に「不幸」は存在しません

「不幸」は「幸福」の種

あなたは自分を「不幸だ」と思ったことがありますか。その原因となる悩みの種はなんでしょう。たとえばお金に恵まれない、人間関係がぎすぎすしている、健康を損なった……。じつは、それらはすべて、あなたがたましいのことを忘れ、自分は肉体だけの存在であると思い込んでいるために生じる悩みなのです。

肉体は永遠には続きません。けれど、たましいは永遠です。永遠に続くたましいを磨き、その濁りを少しでも取り除くために、私たちは生まれてきたのです。

磨くために必要なのが経験です。喜びや楽しみはもちろん、苦しみ、悲しみ、怒り、すべての経験がたましいに刻まれます。その中で気づきを得て成熟していく過程。それこそが宝です。生きる意味です。

あなたの悩みはすべて、あなたのたましいを磨くために必要な課題。それを一つひとつクリアしていく中に、本当の幸せはあります。

ですから何が起こっても嘆く必要はありません。

不幸と思われることこそ幸福の種。その種を見つけて美しい花を咲かせてください。

性格は変えられます
「運命」も変えられます

宿命に支配されない

「運命」と「宿命」は違います。宿命は、もって生まれて変えられないもの。たとえばどんな両親のもとに生まれるか、それは変えられない「宿命」です。けれど、その両親のもとで何年暮らすか、どんなふうに暮らすかは、自分で選べます。それは「運命」です。運命は、変えられます。この違いを、はっきりと意識してください。

たとえばもって生まれた性格。これも宿命ではなく、運命なのです。

よく「性格は変えられない」と言いますが、そんなことはありません。他人の性格を変えるのは難しいでしょう。けれど自分の性格は変えられます。「こんな自分はイヤだ」と思うなら、周りにいる素敵な人をマネしたり、性格分析や心に関する書籍を読んでみるなど、変える方法はいくらでもあります。

運命だから仕方ない。そう思うと変われません。成長もできません。

運命は変えられる。そう思って努力をすれば、少しずつ変われます。成長できます。するとあなたを取り巻く世界も少しずつ変わっていきます。

宿命に支配されることなく、自分の力で運命を変えましょう。

自分は本当はどうしたいのか
自分の心に深く問いかけなさい

「自分の人生が愛おしい」と思えるように

人生にはたくさんの岐路があります。受験、就職、転職、結婚、離婚……。どの道を選択するかによって、人生は大きく変わります。その選択の一つひとつが人生をつくっていくのです。

最も大切なのは、その決断を他人任せにしてはいけない、ということです。世間の風潮にも流されないでください。決断するのは、あなた自身でなくてはいけません。

たとえば転職をするかどうかで迷うとき。流れに任せたり、収入だけで決めたり、あるいは世間体を気にしたりすると、良い結果にはなりません。

自分が本当はどうしたいのか。好きなことと食べていくことを両立させて、いきいきと過ごす未来を手に入れたいなら、どうすればいいのか。

自分の心に深く問いかけることが必要です。

そして、その未来に向けて理性的に考え、計画を立てることです。

そうすれば、たとえどんな結果が出ても、「これでいい」と思えます。

自分で選んだ自分の人生を、愛おしいと思うことができるのです。

「自分を愛すること」は、
生まれたときの、たましいのままの
自分に戻ること

「かくありたい自分」を思い出す

「自分へのごほうび」においしいスイーツを食べる。ときにはそれも必要です。けれどそれはあくまで一時的な避難所。人生を充実させて過ごすためには、「自分を甘やかす」だけでは足りません。本当の意味で「自分を愛する」ことが必要です。

何が自分のたましいにとって本当に必要なことなのか。

今の自分には何が足りないのか。

真摯《しんし》に、自らに問いかけてみてください。

静かに振り返れば必ず見えてきます。「かくありたい自分」「理想の自分」をあなたは知っています。それこそが本当の自分だからです。

「だらしない人になりたい」「人を憎み、誹謗中傷《ひぼうちゅうしょう》する人になりたい」と思って生まれてくる人はいません。

すべての人は、より良くなるためにこの世に生まれてきたのです。

それを思い出して、本当の自分に戻ること。生まれたときのたましいのまま、清らかで美しい自分に戻ること。それが「自分を愛する」ということです。

幸せになれるのは、
自分をよく理解できている人です

容姿の欠点を受け入れる

人は、生まれてくるとき、自分自身のたましいの課題にぴったり合う容姿を選んできます。もって生まれた容姿にも、意味と価値があるのです。

自分の容姿に何のコンプレックスもないという人はいないでしょう。それを克服することがすべての人の課題です。自分の「欠点」と思える部分を受け入れること。それは難しいことですが、時間をかけて努力をすれば必ず受け入れることができます。

ポイントは、自分をよく理解することです。自分の長所は何で、短所は何か。短所を補うためにはどうすればいいか。その方法を考えられる人が、幸福をつかみます。

容姿は変えられない。それなら、たとえば気配りの達人になる。話術を磨く。努力をすれば身につく魅力はたくさんあります。逆に、少しの欠点にこだわって、それを受け入れられずにクヨクヨ悩むと、その欠点がさらに強調されます。

容姿という逃れられない宿命を理解し、受け入れましょう。前向きに欠点を補う努力をすれば、本当の美しさが備わってきます。万人があこがれる美しい顔にはなれなくても、生き方や人格の美しさが滲《にじ》み出た「いい顔」になることができるのです。

病気になることによって、
教えられることは必ずあります

疫病からも何を学ぶか

スピリチュアリズムでは、病を得ることを「忌《い》むべきこと」とはとらえません。病にもまた意味があるからです。

病気になるからこそ、今までの生活の中で自分がしてきた不摂生を振り返り、修正することができます。体のことを考えずに働きすぎたり、暴飲暴食に走ったりしてしまう、その心の在《あ》り方の問題点も見つめ直すことができるでしょう。

入院して弱い立場に立ったとき、初めて人のあたたかさを感じられる場合もあります。医療従事者の方々の献身的な手当てに、感謝の心を取り戻したり、再び健康になったときの喜びを味わえたりするのもまた、病を得たからこそです。

病気＝死と考えて、恐怖心を抱く人も多いのですが、人はいつか必ず死にます。それは避けられない自然の摂理です。それなのに、ただ恐れおののくだけでは冷静な判断ができません。病という経験から何を学ぶべきなのか。それを見つめてください。

疫病の大流行もまた、本当に大切な何かを私たちみんなが学ぶことのできる、貴重な機会なのだと思います。

人生に「無駄なこと」は何ひとつ起こりません

認知症でたましいが壊れることはない

人生百年時代ともいわれますが、健康寿命はそれほど長くはありません。中でも、重度の認知症になったら生きる価値が見出せなくなるのでは、などという極端な意見もありますが、それは違います。生きる価値のない人などこの世に存在しません。認知症で心が壊《こわ》れたように見えても、たましいは壊れていません。その人が今までの人生の中で我慢してきたことが表面に出てきているだけです。

たとえば、戦時中の飢餓の体験がある人は食への執着が強くなったり、気軽に外出できなかった人は深夜の徘徊が続いたり。それらの行動の奥にはその人の人生の傷跡や哀しみが隠れているものです。

それを行動にうつして表出すること、その本当の意味を周りが読み解くことは、介護する側、される側、どちらにとっても有意義なことです。

物理的には介護は大変です。それでも、たましいの視点から見れば、深い学びのできる貴重な体験となることに注目してください。

人生に「無駄なこと」は何ひとつないのです。

年齢を重ねることには、
大きな喜びがあります

加齢による恵み

年齢を重ねていくことは、決して悪いことではありません。むしろいいことのほうが多いのです。

加齢によって体力が低下し、集中力や持続力が衰えて初めて、「ああ、少し休もう」と自分を労《いた》わることができるようになります。更年期になるとさまざまな不調があらわれますが、だからこそ体の状態を自分で確かめて、適切な手当てを考える習慣をもてるようにもなります。

昔は寿命が短かったので更年期を経験する人が少なかったのですが、長寿化にともない、男女ともに「更年期後の性を超越した時間」を生きられるようになりました。性によるこだわりや「こうでなくてはいけない」というとらわれが薄れると、清々しい気持ちで新たな喜怒哀楽を味わえます。

それもまた、加齢による恵みなのです。

老いを否定し、老いと戦って疲れるよりも、むしろ老いがもたらす幸いを意識して、その時間なりの喜び、楽しみに気づいてください。

パートナーに、過度な期待をしていませんか

恋愛の賞味期限は三年!?

「人」という象形文字は、人と人が支えあっている形ではありません。人が自分の足で歩いている形です。

人はひとりで生きるもの。どんな大恋愛で結婚した相手であっても、時間がたてば「好き」という気持ちは薄れます。それは自然なことなのです。恋愛感情は、およそ三年程度でなくなると言われています。そのあとの夫婦は家族を経営していく同志のようなもの。好き嫌いを超越した関係になるのが自然な流れです。

「支えあえるパートナー」が理想だという人は多いですが、その望みは相手への依存や、過大な期待につながりがちです。互いにひとりで生きていて、その上で支えるとき、支えられるときがあってもいいでしょう。けれど最初からもたれあいを期待していては、「裏切られた」という思いが、恨みや嫌悪に変わっていきます。そういうネガティブな感情を抱くことは、自らのたましいを汚すことになります。

そうなる前に、相手に期待しすぎていないか、ひとりで生きるという基本を忘れていないか、自分自身に問いかけてみてください。

目には見えない本当の価値に
気づいてください

命はいつか消えるもの

病気や事故、事件など、人は思いもよらない死を迎えることがあります。命は「あって当たり前」のものでは決してないのです。

突然に亡くなった人の死を悼《いた》む思いはもちろん大切です。けれど、命はいつか消えるもの。多少、長さに違いがあっても、その大前提は変わりません。

若くして亡くなった人を気の毒に思う気持ちはわかります。けれど、命の価値は長さで決まるわけではないのです。

では、すばらしい恋愛をして、仕事で成功し、贅沢なものに囲まれて、楽しい思いをしたから価値ある人生だったのかというと、それも違います。物質的なものをどれだけ得たとしても、たましいが成長しないままでは意味がありません。

重要なのは、「どのように生きたか」ということです。たとえ早世したとしても、その短い時間の中でどんな学びができたか。たとえば自らの心を鍛え、人を愛し、喜びの光で周囲を照らすことができたかどうか。そこに生まれてきた価値があります。目に見えるものだけにとらわれず、目には見えない本当の価値に気づいてください。

答えは必ず自分の中にあります

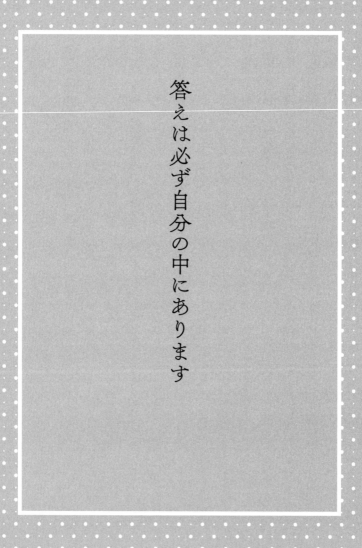

あなたがこの世に生を受けた理由

何かに悩むとき、迷うとき、不安に思うとき、答えはすでに自分の中にあります。

自分のたましいが本当に望んでいることは何か。

できる努力はすべてしてきたか。

今、選ぶべきはどの道か。

飾らない、素直な心で、自分自身の心に問いかけてみてください。

自分以外の人の意見をきいたり、情報を検索したりするのもいいでしょう。けれどそれはあくまで参考です。頼りすぎるとむしろ迷子になります。

あくまで自分と向きあうことです。たとえばノートに思いを書いてみましょう。頭で考えているだけでは気づかなかったことが、文字になってあふれてきます。

神社や教会、大樹や清流の近くなど強い「気」の流れがある場所に行き、静寂の中で大きく深呼吸をしてみるのもいいと思います。

そして思い出してみてください。あなたのたましいがこの世に生を受けた理由、目的は何なのか。答えは必ず見つかります。

他人を羨《うらや》んでばかりいると、
心がマイナスエネルギーをかぶります

あなたの場所はどこですか？　そこで何ができますか？

人はそれぞれ課題をもって生まれてきています。あなたの今の環境は、あなたの課題をクリアするために与えられたものなのです。

たとえばマザー・テレサは修道院で神に仕え、貧しい人々を救うためにスラム街を歩いて食べものや薬を分け与えました。物質的には全く恵まれていない環境の中で、病気や貧困にあえぐ人々に尽くして、その崇高な精神を広く世に知らしめました。

日本の医師である中村哲《てつ》氏は、紛争の地アフガニスタンに赴《おもむ》き、苦しむ人々の生活基盤をつくるために用水路や学校の建設などに尽力しました。残念なことに凶弾に倒れましたが、献身的な愛に満ちたその功績は、今も多くの人々の心に深く刻まれています。

与えられた自分のフィールドでできることをせず、他人のフィールドを羨《うらや》むのは幼稚な考え方です。隣の芝生は青く見えるだけ。それなのに他人を羨んでいると、そのマイナスのエネルギーがあなたの心を曇らせます。今、あなたに与えられた場所と立場で何ができるか。どれだけ心豊かに過ごせるか。それを考えましょう。

仕事をするのは何のため?

仕事は手段にすぎない

仕事をするのは何のためでしょうか。お金を得るため、地位や名誉を得るため、承認欲求を満たすため……。それらは仕事についてくる「ごほうび」にすぎません。

私たちが仕事をする本当の目的は、仕事を通してさまざまな経験を積むことで、たましいを成長させることです。仕事の中で悩み、苦しみ、努力する。さまざまな喜怒哀楽を味わう。その感動の積み重ねが、たましいを成熟させます。また、家事や子育てももちろん立派な仕事です。その中でしか味わえない感動と成長があります。

ただし、仕事に忙殺されて心身の健康を害しては本末転倒です。病を得て初めて気づくことも確かにありますが、手遅れになると本当に必要な学びができません。そうなる前に、自分の仕事の仕方を見つめ直してください。

今の仕事が、自分という器の限界点を超えているなら、転職すればいいのです。どんなに有名な大企業であろうと、自分の命とひきかえにしがみつく必要などありません。あなたは仕事をするために生きているのではないのです。

心豊かに生きていく。仕事はその手段です。手段はいくらでもあるのです。

子どもは植物と同じ
太陽の光が必要です

無償で愛する。あとは手放す

子育てもまた、たましいの修行です。もちろん一筋縄ではいきません。

子どもには子どもの、親とはまったく違う人生があります。もって生まれた課題があるのです。それを親が代わりに果たすことはできません。

子どもの人生は、自分の人生とは別。その視点があれば、子どもがたとえ受験に失敗したり、グレたりしても、一定の距離をもって冷静に見つめることができるはずです。長い人生を見通せば、今は失敗と思えることでも、たいした挫折ではないと感じ取れるでしょう。逆に、キリキリした思いで子どもに付きっきりになると、子どもはますます息苦しくなって、本来の力をのびのびと発揮できなくなります。

子どもは植物と同じ。成長するには太陽の光が必要なのです。親御さんは太陽でいてください。その明るい笑顔こそが子どもの栄養です。

子育ては、盲導犬の子犬を育てるボランティアと同じ。愛と信頼と必要な基本的なしつけを与えたら、あとは社会へ巣立つのを笑顔で見送るだけです。

大丈夫。愛された記憶が少しでもあれば、あとは子どもが自分で何とかします。

この世で所有できるものはありません
経験と感動がすべてです

滅んでもなお、あの世にもちかえれるもの

この世で「自分のもの」と言えるものは何ひとつありません。すべて借り物です。たとえば、洋服は繊維でできています。繊維は樹木でできています。樹木は地球のものです。石油製品にしても同じ。すべては自然界からできたもの。私たちはそれを借りているだけです。人の肉体もまた結局は骨になり、地球へ還っていきます。

基本的に、「この世で所有できる物質はない」と考えてください。

洋服も家も車も宝石も、一見、所有したように見えますが、永遠にもち続けることは不可能です。すべては時の流れとともに消え去り、朽《く》ちていきます。

では、この世の営みはすべて虚しいのかというと、違います。

私たちの肉体が滅んでもなお、あの世にもちかえれるものがあります。それは物質ではなく、無形のもの。愛情、慈《いつく》しみ、やさしさ、せつなさ、それらさまざまな感情の源となる経験です。感動です。あなたが人に与え、人から与えられる心です。

たましいに刻まれるその輝きは、永遠です。

私たちが現世でもち得るものは、ただそれだけなのです。

第5章

大丈夫!
あなたは願ったとおりの未来を手にできる

人生の旅、
行き先表示のプレートを
自分でしっかり掲げましょう

夢の場所へ近づく確実な方法

未来を拓く。そのためには、まず「自分はどこに行きたいのか」「十年後、どうなっていたいか」という目標をしっかりと掲げることです。旅先で、行き先不明のバスに乗る人がいないように、人生という旅でも、行き先を表示するプレートを自分自身で掲げることが大切です。他人に行き先のプレートをつけてもらってはいけません。気づいたときには望まぬ場所に着いていた、ということにもなりかねないからです。

次に「そのためには今日、何をすればいいのか」「どんなことにお金をかければいいのか」考えてみてください。資格が必要ならその勉強を。お金が必要なら節約して貯金を。今日の快楽のためだけに時間やお金を浪費してしまうと、その分、目的地は遠ざかります。計画どおりにいくとは限りません。けれど計画を立てないでいると、叶うはずの夢も叶わなくなります。目標を掲げ、計画を立てる。怠惰に流されず、必要なら我慢もする。努力もする。意識的に一つひとつの行動を選択する。

そうしたことを続けることで、あなたは確実に夢の場所へと近づいていきます。

今日が、夢の始まりです。

強く願う心と、綿密な計画があれば
人生はどんなふうにも変えられます

人生は念力とタイミング

子どものころ、大縄跳びをして遊んだことを思い出してください。

あの大きな縄の中に入っていくときには、勢いが必要です。「さあ、今から入るぞ」という強い気持ちをもたないと入れません。その思いが念力です。

次に大切なのは、タイミングです。縄をよく見て、入れそうなベストのタイミングをつかまなければ、縄に足がからまってしまうでしょう。

人生すべてにおいて、この念力とタイミングがものを言います。

強い思いをもたず、タイミングを見計らうこともなく、「ただなんとなく」生きていたのでは夢はかないません。人生を無駄に過ごすことになりかねません。

大縄跳びの輪の中へ、勇気を出して飛び込んでいった子どものころの自分、その喜びと楽しさを取り戻しましょう。あのころはあんなに素直な笑顔になれたのです。

「今さらもう遅い」「私なんて何をしても無理」などとネガティブな思いにとらわれていると、人生の喜びや楽しさ、多くの実りを逃してしまいます。

強く願う心と、綿密な計画。それさえあれば人生はどんなふうにも変わるのです。

人生は貪欲《どんよく》に味わい尽くしましょう

人生の冒険に挑戦する

年齢や環境、能力を言い訳にして、夢をあきらめる必要はありません。やりたいことがあるなら、ぜひチャレンジしてください。失敗することもあるでしょう。傷つくこともあるかもしれません。けれどその経験こそが宝です。傷つかないように用心することも大切ですが、恐れてばかりいては人生の醍醐味を味わうことはできません。

傷つくことを恐れて一歩を踏み出さない生き方は、スナック菓子を晩ご飯にして満足しているようなもの。少し勇気を出せば、おいしいものはあなたの周りにたくさんあります。地球は美味なるものであふれているのです。それを味わわないのは、本当にもったいないこと。

貪欲《どんよく》に、人生を味わい尽くしてください。前菜からメインディッシュ、デザートまで、人生はフルコースで味わいましょう。命が尽きる最期のときまで、できる限りの冒険に挑戦して生きていきましょう。

明日はどんな良い日にしようか。

そう思ってわくわくしながら過ごすことは、誰にでもできるのです。

あなただけに与えられたギフトに
気づいていますか

自分の原石を磨く努力を始める

人はみんな生まれながらに得意な分野をもっています。磨かれていない宝石の原石のようなものです。自分がどういう宝石をもっているのか、何を磨けばいいのかをしっかりと見極めましょう。人から見てかっこいいこと、お金が稼げること、という限定をつけてしまうと、磨くべき源を間違えてしまいます。

必要なのは、あなた自身のたましいの性質、傾向を見つけることです。

たとえば子どもと遊ぶのが好き、人前で話すことが得意、そういう自分自身の特徴をまずはしっかりと把握することです。たとえ、人から見てかっこいいと思われることでなくても、それがあなただけに生まれながらに与えられたギフト。そのギフトに気づいてください。そして原石を磨く努力を始めましょう。

年齢や環境を理由にあきらめないでください。人生の最期まで、あなた自身の可能性をとことん広げてみることです。失敗してもかまいません。チャレンジした、その過程こそが宝です。

自分に与えられたギフトを信じること。まずはそこから始めましょう。

思いどおりの未来は
自分の手でつくれます

過去を嘆いている暇はない

私は四歳で父を、十五歳で母を亡くしました。

音楽を学びたかったのですが経済的に無理でした。両親がいないために、人から粗末に扱われたり、騙《だま》されたりもしました。おまけに病弱だったのです。

もちろん、私も悩みました。どうして両親は早くに死んだのか。どうして夢が何ひとつ叶わないのか。

けれどある時点で、私はそういう苦しい環境を「これが私の宿命なんだな」と思うようになったのです。そう思わなければ生きていけませんでした。

宿命を受け入れたとき、運命は変わります。私もそれ以後、良い出会いが続いて、自分の道が見えてきました。今は、音楽の分野でも望んだ活動ができています。

過去にできなかったからといって、今もできないと決めつけないでください。

宿命にとらわれて、気力を失ってしまわないでください。

今からどうするか、それがすべてです。あなたの未来をつくれるのは、あなたしかいないのです。宿命を嘆き、過去にとらわれている暇はありません。

あなたが手放さない限り
夢は決してなくなりません

「努力した」という事実が財産

夢見て努力してきたことが、結果的に叶わなかったり、途中で挫折することもあるでしょう。けれど、夢のために努力してきた事実が消えてなくなるわけではありません。決して無意味なことをしてきたわけではないのです。

目的地へ行くことだけがすべてではありません。途中経過を経験できたこと、楽しめたこと、それだけでもすばらしい財産です。

たとえ挫折した夢でも、バッサリ切り捨ててしまう必要はありません。忘れようとすると苦しくなります。無理に忘れる必要はないのです。

ひとつの夢に挫折した。ではどんな形でなら夢に近づくことができるか、その方法を考えましょう。たとえば水泳選手になる夢が絶たれたのなら、水泳のコーチになって選手を育てるとか、デザイン性や機能性に優れた水着のデザイナーになるなど、道はいろいろあるでしょう。

「今」を輝かせる努力をしていれば、置き去りにしたつもりの夢でも、夢のほうからあなたを追いかけてきます。あなたが手放さない限り、夢は決してなくなりません。

どんな人の心の中にも奥底に〝神〟が住んでいる

神＝本来のあなた

あなたにとって最高のサポーター、それはあなた自身です。

あなた自身が最高のパートナーであり、マネージャーであり、コーディネーターでもあるのです。

人にアドバイスを求めてもいいでしょう。けれど、すべてを任せてはいけません。自分の人生のすべてを、自分の力でプロデュースしてください。そのとき初めて、あなたの魅力が輝き始めます。

自分にはいいところがひとつもないと思えるときも、サポーターであることをやめてはいけません。本物のサポーターは、選手を育てるものです。いいところがないならつくりましょう。自分で自分を育てましょう。

いいところがひとつもない人は、この世にひとりもいません。私たちはみな、神に愛されて命を与えられ、この世に生まれてきました。どんな人でも心の奥底には神が住んでいるのです。神＝真《しん》・善《ぜん》・美《び》であり、神＝本来のあなたです。それを思い出しさえすればいいのです。

ひとりの時間をつくり
自分のたましいと対話してください

答えは必ずやってくる

ひとりの時間は、とても大切です。外の世界から離れて、素の自分に戻る時間がたましいには必要なのです。それがないということは、睡眠時間がないのと同じ。心が狂騒状態になって、本来の自分を見失います。

ひとりになると「考える」ことができます。今、目の前の問題を解決するためにはどんな方法があるのか。自分には何ができて、何ができないのか。じっくりと冷静に考え抜くのです。感情に振り回されて過去を悔んだり、人と比較して嘆いたりするのは、「冷静に考える」ことから、ほど遠い行為です。

できないことを嘆いても始まりません。自己憐憫もいりません。人に相談すれば、「あなたは何も悪くない」と言ってもらえるかもしれませんが、問題は解決しないでしょう。人生が好転することもありません。

ひとりになって、自分のたましいと対話をすること。感情をはさまずに、じっくりと、ごまかすことなく、自分と向き合うこと。そうやって考え抜いたとき、さっと心に広がる光があります。その中に、答えは必ずあるのです。

「ひとりで歩く」習慣は
「滝行」と同じ精神統一効果があります

体を動かすとたましいも動き始める

肉体は車、たましいがその運転手です。ふつうは運転手が車を動かしますが、逆もまた真で、車が動くと運転手もあわててハンドルを握り直すようになるものです。

ですから、体を動かすことはとても大切です。最適な運動は、ウォーキングです。

私は心を整理したいとき、何かの判断に迷うときは、ウォーキングに出かけます。信号のない道を選んで、たえまなく足を動かしていると、自然といいアイデアがひらめくからです。ウォーキングには滝行と同じような精神統一の効果があるのです。

問題を解決するために、手元にある材料は何か、その材料をどう使えばいいか、手際良く使うにはどんな段取りが必要か。

答えを出すためには、冷静かつ理性的に考えることが必要なのですが、じっと座って考えるだけでは煮詰まってしまいがちです。そんなとき、ウォーキングでリズミカルに足を動かしていると、無駄な感情がそぎ落とされて、物事の本質がシンプルに見えてきます。肉体に連動して、たましいが答えを導き出してくれるのです。

未来のために、ひとりで歩く習慣を取り入れてみてください。

エイッ！と奮起して
行動を起こしましょう

悩んだら、体を動かす

朝、目覚めたときに、さっとベッドから起き上がる。夜、スマホやテレビを止めて、さっとお風呂に入る。小さな汚れに気づいたとき、さっと掃除をする。

この三つの行動をだらだら引き延ばさず、さっと行うこと。これがとても大切です。この三つは、「面倒くさい」と思ってしまうと、とことん面倒になります。でもそれに負けずにエイッと体を動かす。それは小さな「奮起」です。

こういった「小さなやる気」を出せるかどうか。仕事や人間関係、恋愛や子育て、介護など、誰の人生にもさまざまな大問題が起こります。繰り返しますが、それらの問題を乗り越えて、たましいを鍛えるために、私たちは生まれてきたのです。

問題の前で立ちすくんではいけません。悩んだら、行動すること。とりあえず動くこと。外に出ること。愚痴を言うより、エイッと奮起して行動を起こすことです。

私たちがもっている最高の宝物は時間です。その時間を無駄にせず、有効に使う。そのためにも、素早く行動する習慣をつけてください。人生の困難に立ち向かう力をつけるために、意識せずとも、さっと動けるような訓練を日々重ねましょう。

「自分を変えたい」
その気持ちに素直にしたがいましょう

イメージチェンジで、いい循環が始まる

思い切って髪型を変えたい、ファッションを変えたい。そんな気分になるのは自分の心の在《あ》り方が変わったからです。そんなときは「自分を変えたい」という気持ちに素直になって、イメージチェンジしてみましょう。

自らの変化を望む気分になるのは、運気の流れが変わってきたという証拠。まず外見から変えることで波長が高まり、ますますいい方向へと運気が変わります。

この世は物質界ですから、物質を上手に使うことも必要です。洋服も自分の波長を高め、心を元気にする小道具だと考えてください。

そして、自分が「どう変わりたいのか」をはっきり意識するほうがいいでしょう。明るい気持ちになりたいなら、寒色系は使わず、明るい色を利用して元気な気分を盛り上げましょう。逆に落ち着きたいなら、寒色を利用して、シックな大人の雰囲気を出しましょう。どちらの場合も、流行で選ぶのではなく、自分自身の心が弾むもの、うれしくなるもの、自分のセンスに合うものを選ぶことも大切です。

見た目の変化が心の変化を加速させて、いい循環が始まります。

人と比べない、競わない
それが自分の才能を育てるコツです

あなたの中に息づいている「好き」の芽

今あなたに好きなものがあるとしたら、その気持ちを大切にしてください。それはあなたの才能の芽です。他人にどう思われるかなどを気にしていると、その芽が育ちません。他人と比べる必要はないのです。世界中の人から「お前には無理」「お前は下手」とバッシングされても、自分のたましいが求めることなら突き進みましょう。「好き」という気持ちがあって努力していても、人と比べたり競争したりすると、その気持ちがしぼんでいきます。

人と比べなければ傷つくことはありません。失敗して恥ずかしいという気持ちも生まれません。そこにあるのは、自分の喜び、ただそれだけです。

世間の声ではなく、自分の心の声をよくきいて、心の内側でひっそりと息づいている小さな芽に気づいてください。

封印していた「好き」に気づいて、錆《さ》びついていたその扉を開けましょう。暗闇に光がさし込み、小さな芽はぐんぐん伸び、ていねいに手入れをすれば、やがて大きく花開きます。

あなたにはできます
だからチャンスが来たのです

恐れず進む！

チャンスが来たとき、「もしダメだったらどうしよう」「できないかもしれない」と不安に思う必要はありません。

あなたにはできます。だからチャンスが来たのです。

この世に偶然はありません。間違って、あなたのところに来るチャンスなどないのです。

たとえ良い結果が出せなかったとしても、チャレンジをしたという経験は残ります。自分にできる精一杯の力で取り組んだなら、他のどんなことよりもたましいに強く刻まれるでしょう。

それは誰にも奪うことのできない、あなたの大きな財産になります。

ですから、結果はどちらでもいいのです。

あなたにチャンスが来たということ。それはあなたにはチャレンジをする力があるということ。結果を恐れない勇気があるということ。もちろん、結果を手にする実力があるということです。何も恐れず、前に進んでいきましょう。

喜びがあるから
結果として「成功」がついてくるのです

本当のポジティブ・シンキング

「ポジティブに生きる」とは、がつがつと成功や幸せを求めて突き進んでいくことではありません。それでは疲れてしまいます。ポジティブとは、喜びをもって生きること。自分の仕事や環境、周囲の人々に対して、喜びの心で接することなのです。

本当に成功している人は、決して「自分の力で成功した」とは思っていません。ただ自分が好きなことを、喜びをもってやらせてもらった。だからつらくても頑張れた。それだけのこと。そう考えています。

喜びがあるから、結果として成功がついてくる。成功を求めて何かをしてきたわけではない。この順番を間違えると、人は人生の迷子になってしまいます。

迷子にならないためには、天に委《ゆだ》ねればいいのです。あなたは自分の力だけで生きてきたわけではありません。いつも見守られてきたはずです。それを思い出せば、「まあいいか」「なんとかなる」と思えるでしょう。無駄に苦しむこともなくなります。

軽やかな心で本当に好きだと思えることに、喜びをもって取り組めばいいだけなのです。それがポジティブ・シンキングです。そのとき心が疲れることはありません。

「自分はできる」という思い込みひとつで、
人生は大きく変わります

言霊《ことたま》の力を使う

幸福や成功を心から望むなら、不幸や不成功をイメージしてはいけません。「もうダメだ」「できない」と思ったら「いや、絶対に成功する」「ダメじゃない」と口に出して言い直しましょう。ポジティブな言霊《ことたま》の力を使うことで波長が高まり、ツキを呼び込むことができるのです。

「至福感」も大切にしてください。「ああ、この仕事ができて幸せ」と思う気持ち、「私には才能がある」と思い込む気持ちが必要なのです。思い込める力も才能のひとつ。自分はこの仕事に向いている。この仕事ができてうれしい。絶対に才能がある。その気持ちがテンションを高め、いい波長を生み出して、チャンスを呼び込みます。

家庭に入っている人も同じこと。「いやだな」「こんなつもりじゃなかった」と思いながら家事や育児をしていると、疲労感は倍増します。「私は自分で選んだ今の環境が大好き」と思って工夫しながら取り組めば、笑顔が増えます。日々の暮らしが変わります。社会復帰や仕事復帰を目指す場合も、冷静に準備ができるようになり、確かな道が見えてくるでしょう。心ひとつで、人生は大きく変わっていくのです。

努力は嘘をつきません
努力は決して裏切りません

幸せの前兆が〝暗闇〟

何かを求めて頑張っているとき、つい「もうダメだ」とか「無理に決まっている」などとつぶやいてしまう。それは本当は期待感が強いからです。あきらめている人は不安にもなりません。期待がありすぎるから、不安になって、悪い予感が頭をよぎるのです。心に描いたその悪いイメージは、良くないことを実際に引き寄せかねません。必要以上に期待して不安になるぐらいなら、ひたすら努力をしましょう。

努力は嘘をつきません。努力は決して裏切りません。

ポジティブな気持ちでいかに努力できるか、強いエネルギーを注ぎ込めるか、それによって結果が変わってくるのです。決して運やツキだけが原因ではありません。

幸せの前兆が暗闇です。暗闇の中で自分を磨いて努力する。不安に打ち勝って努力を続ける。そうすれば、おのずと結果はついてきます。

ただし、何が本当の成功か、本当の幸せか、という視点は忘れないでください。

いい結果が出てうぬぼれていると、必ずしっぺ返しがきます。どんな結果が出ても冷静に、そのときどきに味わえる体験を十分に味わい尽くしましょう。

「天職」と「適職」
どちらも欠かせない
充実人生をドライブする車の両輪です

たましいが満足する「良い循環」

「適職」とは、自分の頭脳や肉体を使って、お金を稼げる仕事のことです。現世で生きていくための手段といえるでしょう。

「天職」とは、自分のたましいのための仕事です。たとえお金にならなくても、それが好きで仕方がなくて、人にも喜んでもらえる仕事のことです。

適職だけでは、お金は得られても、たましいが満足しません。反対に、天職だけだと、喜びはあっても、食べていくためのお金を得ることが難しい場合が多く、やがてたましいの喜びも枯れていきます。

天職と適職は、どちらも欠かせない車の両輪。両方に同じ比重がかかっていれば、前に進むことができますが、どちらかが少ないと、快適に人生をドライブすることができません。二つのバランスを上手にとることが大切なのです。

適職だけだとつらくなって、転職したいと思い始めるケースが多いのですが、そんなときこそ天職を別に見つけましょう。そこでたましいの喜びが得られると、適職もスムーズに進むようになります。良い循環が始まるのです。

仕事をするときは、「大我《たいが》」を意識しましょう

道に迷うことがない

「大我《たいが》」とは、自己愛ではなく、利他愛を指します。「小我《しょうが》」とは、個人的な欲望にとらわれた心の在《あ》り方です。自分を中心とした利己的、物質的な考え方を指します。

前頁で述べた天職は「大我」に基づくもので、適職は「小我」に基づくものです。ただし、適職という「小我」の中でも「大我」を失うとうまくいきません。お金を稼ぐための仕事と割り切って利己的な行動に走ると、必ずつまずきます。どんな仕事でも「人の役に立とう」「真《しん》・善《ぜん》・美《び》を追求しよう」という夢をいっさいもたずに、利益や名誉を追い求めすぎると無理が生まれます。出世も成功も幸福も望めません。

適職でも天職でも、仕事をするときには必ず「大我」に着目してください。仕事だけでなく、どんなときも「大我」を意識しましょう。

どうすれば大我的な行動をとれるのか。自分と自分の仕事が、人のために、より大きな世界のために、いかに役立てるのか。その視点をもちましょう。

その目的に向かっているとき、人が道に迷うことはありません。

第6章

幸せを呼ぶ
八つの法則

スピリットの法則

人は肉体だけの存在ではありません
たましい(スピリット)が折り重なって
生きている存在です

真実の幸せに近づく、ただひとつの道

この宇宙には、私たちが生きている現世と、目に見えないスピリチュアル・ワールド（霊的な世界）が存在します。ここは非物質界で心・精神の世界。何の不自由もない豊かな世界といえるでしょう。私たちはその世界を離れ、現世に生まれてきます。なぜなら、ここでなければ学べないことがあるからです。現世では、何かを得ようと思えば努力が必要です。お金も必要です。病気になることもあるし、人間関係にも悩みます。なんとも不自由な世界です。だからこそ、すばらしいのです。うまくいかないことがあるから私たちのたましいは鍛えられます。真理に気づき、成長することができます。私たちは、そのために生まれてきました。

お金や地位や贅沢などの物質的な成功＝幸せではありません。目には見えない、たましいの充実、成長、成熟。それこそが幸せなのです。これを忘れると、ただ物質的な幸せだけを求めて右往左往することになります。何かを得てもすぐに失う、そのくり返しで虚しい不幸な日々になるでしょう。自らのたましいの存在、その意味に気づくこと。それが真実の幸せに近づく、ただひとつの道です。

ステージの法則

スピリチュアル・ワールドには、ステージがあります死後のステージを決めるのは、現世での生き方です

死後の旅路

人は「死」を迎えると、肉体という殻を脱いで、たましいのふるさとであるスピリチュアル・ワールドへ還ります。最初に行くのは、現世と霊的な世界との中間点である「幽現界《ゆうげんかい》」。次に何層にも分かれている「幽界」へ。さらに「第二の死」を経て「霊界」へ。そこからまた何度も現世への転生を繰り返すことによってステージをあげて、最終的には大いなる愛のエネルギーへと統合されていきます。

これが私たちのたましいの旅路です。現世で子どもが大人へと成長していくように、私たちはふるさとへ戻ってからも浄化を続け、成長し続ける存在なのです。

「幽界」には、さまざまなステージが連なっています。最下層はいわゆる地獄と呼ばれる層。闇の中で人を憎んだり騙《だま》したりする未熟なたましいが集まります。反対に最も高い層はいわゆる天国です。美しい光があふれ、高潔なたましいが集います。

死後どの層に行くかは、現世での行為や言葉、思いで決まります。何事にも否定的で怠けて過ごした人は、暗いステージで学び直すことになります。反対に、多くの人のために働き、前向きに努力した人は、それにふさわしい明るい場所へ行くのです。

波長の法則

「類は友を呼ぶ」
人が出す波長のエネルギーは、
同じ波長の人を引き寄せます

周りを観察すると、自分の波長がわかる

人の心の動きは、想念となって霊的なエネルギーを生み出しています。それは周囲に影響を与え、同じ性質のエネルギーを引き寄せます。

たとえば、あなたが感謝や喜びの気持ちをもち、いたわりや優しさといった良い想念をもてば、それと同じ高い想念をもったスピリットが感応して集まってきます。反対に憎しみや嫉妬、怠惰な想念をもてば、同じ低いスピリットが集まってくるのです。

想念は「思い」「言葉」「行動」にあらわれます。ですから、愚痴や悪口を言わず、ポジティブな言葉を口にすること。前向きで優しい思いを抱くこと。その思いを行動にうつすこと。これらを心がければ、自然に高い波長を出すことができます。そして同じような高い波長の人々が周りに集まってくることになるのです。

ただし、たとえば弱々しい波長を出したとき、似たような弱々しい人を引き寄せるだけでなく、その弱さを利用してやろうとする、ずるい波長のもち主も引き寄せてしまうので注意が必要です。自分の周りにいる人たちをよく観察することで、今の自分がどういう波長を出しているかを知ることができるのです。

【因果（カルマ）の法則】

「自ら撒《ま》いた種は、自らが刈り取る」

自分のしたことは、

いいことも悪いことも、

すべて自分に還ってきます

良いカルマを増やす方法

カルマとは因果律《いんがりつ》のこと。原因があるから結果がある、という法則です。種を撒《ま》くから芽が出ます。良い種も悪い種も、できた作物は種を撒いた人が刈り取らなくてはいけません。どちらの種も平等に、種を撒いた人のものなのです。

「カルマなんて恐ろしい」と誤解する人がいますが、違います。こんなに公平で愛のある法則はありません。たとえば、あなたが誰かの悪口を言ったとします。すると必ず自分も誰かから悪口を言われます。「悪口を言う」というカルマが自分へ還ってくるのです。そこでつらい思いをすることで、二度と悪口を言わない人になれます。成長させてもらえるのですから、これは愛ある法則と言えるのです。

私たちは未熟なので、何かにつけて人と争い、カルマをつくりがちです。そんなときは、この法則を思い出してすぐに謝り、心から反省することです。そうすれば悪しきカルマは解消されます。そして良いカルマを増やしてください。人に親切にする、人の幸せを祈るといった良いカルマの種をたくさん撒きましょう。それは必ず還ってきて、あなたを幸せにしてくれます。

運命の法則

宿命は、変えられません
運命は、変えられます

人生はデコレーションケーキ

「波長の法則」を知っていれば、今その出来事が起きているのは、自分の波長が引き寄せたものだということがわかります。それなら高い波長を出せるように自分が変わればいいだけです。「因果（カルマ）の法則」を知っていれば、自分の行動がカルマとなって還ってきているとわかります。それなら、悪しきカルマを解消するために真摯《しんし》に反省し、良きカルマを増やせばいいだけです。

そうやって自己を振り返って分析し、行動を変えていけば「運命」はどんどん変わっていきます。望みどおりの現実をつくりあげることができるのです。

ただし「宿命」を変えることはできません。宿命とは、国籍や家族環境、肉体的な特徴など、もって生まれてきたものです。私たちは自分のたましいの学びを深めるために、もっともふさわしい宿命を選んで生まれてきたのです。

ケーキにたとえるなら、宿命はスポンジ台。運命はデコレーションです。

宿命を嘆いても始まりません。宿命という土台のうえに、どんなデコレーションを飾りつけて運命をつくっていくのか。すべてはあなた次第なのです。

ガーディアン・スピリット（守護）の法則

ガーディアン・スピリット（守護霊）とは、
たましいの親のこと
すべての人に必ず存在し、見守り、
導いてくれています

守護霊と魔法使いの違い

ガーディアン・スピリットとはいわゆる守護霊、たましいの親のことです。常に私たちをあたたかく見守り、成長を祈り導き、間違いがあれば正してくれる存在です。ある意味、実際の両親以上に厳しく、また愛情にあふれた親だと言えるでしょう。

ただし、魔法使いのように都合良く何でもしてくれる存在ではありません。私たちが成長するために、ときに手を貸さなかったり、苦難を与えることもあります。

現世では、残虐な事件が起こることがあります。そんなニュースを見ると、守護霊はいなかったのか、という疑問は出てくるでしょう。厳しい言い方になりますが、残酷な経験をする、ということで得られるたましいの学びが必ずあります。極端な言い方をすれば、殺される経験をしたから、殺される側の苦痛がわかる。そうすれば絶対に殺さない人になれるのです。それはあまりにも厳しい学びです。けれど、それを自分の課題として生まれてくる、崇高なたましいもあるのです。

どんなに苦しいときでも、ガーディアン・スピリットは私たちをしっかり見守り、たましいの学びを深く導いてくれています。

グループ・ソウルの法則

グループ・ソウルは、たましいの家族
たましいのふるさとにいる、
あなたの仲間です

たましいの濁《にご》りを浄化する

たましいのふるさと（スピリチュアル・ワールド）には、たくさんのたましいのグループがあります。そのひとつからあなたはやってきました。あなたのガーディアン・スピリット（守護霊）も同じグループの仲間です。それぞれのグループ・ソウルはみんなグレート・スピリット（神）を目指して成長しています。より透明で清らかな水を目指して進化向上する旅の途中なのです。

さて、水の入ったコップをイメージしてください。これがあなたのグループ・ソウルです。中の水は少し濁《にご》っています。これはあなた自身の未熟さです。たとえば、あなたにやさしさが欠けているとすれば、それが濁りになります。

私たちはコップを飛び出して現世に生まれ落ちた一滴の水。その使命は、多くの喜びや悲しみを経験して浄化され、美しくなって再びコップの中に戻っていくことです。一滴ずつ浄化していけば、コップ全体はやがて透明で美しい水に変わっていけます。目標であるグレート・スピリットに近づき、やがて到達できるのです。

あなた自身の濁りを浄化できるように、日々を大切に生きてください。

幸福の法則

スピリチュアルな法則を理解し、実践すれば本当の幸福と出会えます

常識的な時間を積み重ねる

これまでの法則をまとめてみましょう。私たちは、ふるさとのグループ・ソウルを飛び出して、現世へ生まれてきました。さまざまな喜怒哀楽を体験し、たましいを成長させることが使命です。試練や困難はそのためのドリルのようなもの。死を迎え、たましいがふるさとへ戻るとき、どのステージに行けるかは、成熟度によって決まります。ドリルをどれだけ懸命に解いてきたか、逃げずに乗り越えてきたかによって決まるのです。ドリルを解くときに役立つのが「波長の法則」と「因果(カルマ)の法則」。この二つを使って「運命」を切り拓いた人が、たましいを美しく磨いていけます。

じつは、それこそが「幸福」なのです。お金や地位、快楽や贅沢などの物質的な達成は、その瞬間だけのもので、本当の幸福とは言えません。

人がたましいをもつ存在であることを知り、その法則を理解してください。憎しみや恨み、嫉妬などのネガティブな感情を克服し、優しい思いと言葉と行動で、日々をていねいに紡いでください。そういういわば常識的な時間の積み重ねの中で、たましいを磨き成熟させていく。それこそが本当の幸福です。

おわりに

本書をお手に取っていただき、心より感謝申し上げます。

本書は「災害チャリティー書籍」として、印税を災害支援金に活用させていただきたいと願い出版いたしました。

「気候変動」が原因しているとも言われていますが、近年、もはや毎年のように甚大な被害の災害が起きています。私の住む静岡県熱海市でも大きな災害がありました。

世間では、熱海の場合は法規制を無視した盛り土による人災だから災害とは言えないという声もありますが、そもそも気候変動も人災とは言えないでしょうか？　いずれにしましても私たちは自分たちの勝手な都合で自然界を苦しめていると思うのです。

人生に起きることのすべては「偶然はなく必然」そして「すべてはメッセージ」と私は書籍でお伝えしてまいりました。近年訪れている霊界からのメッセージの中のひとつに、「亀裂」という言霊《ことたま》があります。確かに現象としても亀裂が続いています。地盤の亀裂、亀裂は地震も意味しています。また水道管の亀裂も頻発《ひんぱつ》しています。これらのメッセージが訪れるごとに私のサイトでは、すぐにみなさんにお伝えするようにしていますが、近年はことに目が離せない様子です。

そして忘れてはならない亀裂は、人の心の亀裂ではないでしょうか。どうして人は愛を分かちあえないのでしょうか？　ワクチン接種ひとつとっても、どうしてここまで人と人の心に亀裂が生じるのでしょう。

大切なことは、私の尊敬する「聖フランチェスコの祈り」の中の言葉のように、「理解されるよりも理解することを私が望みますように」ではないでしょうか？

日常での人間関係のすべての亀裂を和同に変える道も「理解されるよりも理解すること」が平和の道だと思います。

辛島美登里《からしまみどり》さんの『サイレント・イブ』という歌に、「本当は誰れもがやさしくなりたい。それでも天使に人はなれないから」という歌詞がありますが、この曲を聴くと、私は意地悪を言う人、する人を思い出すのです。

世間では悪意を他者に向ける人がいます。きっと読者のみなさんの中にも、他者から悪意を向けられ苦しんでいる人もいることでしょう。けれどもこの言霊《ことたま》も忘れないでください。「幸せな人は意地悪しない」のです。そして、「類は友を呼ぶ」ですから、私たちは悪意を向けられて悪意で返したらいけないのです。「自分の心が幸せでなければ、人を幸せにできない」という言霊も忘れないでください。

本書の言霊は、あなたのたましいに幸せの栄養を注ぎます。そしてあなたの心が幸せになります。すると、あなたの周りが幸せになります。また「幸せになりたければ、他者を幸せにしたら還ってくる」のです。

本書は災害に遭い苦しみ悲しんでいる人に寄り添います。

あなたは本書を読むことで愛を届けます。だからあなたは幸せになるのです。

あなたの幸せをお祈りしています。

江原啓之

自分《じぶん》に奇跡《きせき》を起《お》こす　江原啓之《えはらひろゆき》100の言葉《ことば》

著　者――江原啓之（えはら・ひろゆき）
発行者――押鐘太陽
発行所――株式会社三笠書房
〒102-0072 東京都千代田区飯田橋3-3-1
電話：(03)5226-5734（営業部）
：(03)5226-5731（編集部）
https://www.mikasashobo.co.jp
印　刷――誠宏印刷
製　本――若林製本工場

ISBN978-4-8379-2879-9 C0030